MARRAKECH, LUMIÈRE D'EXIL

RAJAE BENCHEMSI

MARRAKECH, LUMIÈRE D'EXIL

roman

SABINE WESPIESER ÉDITEUR
11, RUE JEAN-DE-BEAUVAIS, PARIS V
2002

I

DES MAINS. DES MAINS BLANCHES. Des mains brunes. Des mains paumes ouvertes vers le ciel. Comme pour lui éviter de s'effondrer. Peut-être simplement pour l'accueillir. L'empêcher de se mêler au sol mouvant de l'antique place Jemaa-el-Fna. Les veines bleues et tendres augmentaient la fragilité de la main trop blanche. Une main sans histoire tant la neutralité de sa blancheur était déconcertante. Le henné onctueux coulait de la seringue comme une lave obscène. Verdâtre. Visqueux. Éternel, il honorait encore une fois les graphismes sacrés de l'Islam. Formes géométriques ancestrales. Losanges. Triangles. Arabesques. Spirales. Délectation de la mémoire. Frondaisons de mosquées. Rosaces de zelliges. Ciel de stuc. Odeurs exquises et innommables de l'enfance. Odeur de la mémoire elle-même.

Tous ces graphismes, profondément ancrés dans l'inconscient de Bahia, affluaient naturellement au bout de son regard et de son geste, solennellement complices, chaque fois qu'elle

s'apprêtait à tatouer une main. Elle aimait la spirale par-
dessus tout. « C'est le début et le bout de la vie », se plaisait-
elle à dire. Une spirale apaisée dont l'extrémité intérieure
semble se prosterner devant le destin. Toutes ces mains qui se
succédaient, sous l'œil attentif de Bahia, étaient devenues, au
fil du temps, un véritable alphabet qui s'organisait pour signifier le monde. Son chant, son poème, mais aussi sa com-
plainte. Sa perception des êtres et des choses était définitivement aliénée à ces petits membres qui donnent la température
de l'espace. La texture de chaque main lui indiquait infailliblement le caractère de toutes ces femmes.

Happées par les yeux de feu de Bahia elles s'arrêtent, place
Jemaa el-Fna, pour faire tatouer leurs extrémités, ignorant la
colère sourde et l'immense souffrance qui animent son regard
animal. Elle les voit à peine. Comme si seules leurs mains la
retenaient de partir et de quitter ce monde. Elle porte toujours sur son visage, pour travailler, un léger voile de mousseline noire qui dessine ses yeux, saisissants de beauté et de
force. Des yeux déchaînés. Noirs. Brillants. Indomptables.
Rien de lyrique ou de lancinant qui les humanise. Rien. Que
de la rage, humide et violente, où vient s'abîmer, non la
femme, mais le féminin lui-même. Toutes ces femmes, en
tendant la paume de leurs mains au tatouage de Bahia, consa-
crent, dans ce geste généreux, le féminin en elles.

« Sur cette main, je veux un cœur. Juste un cœur », dit la
jeune touriste.

Bahia déplaça lentement ses pupilles lourdes. Colla son
regard noir au regard bleu et fuyant de la jeune femme. Puis,
sans rien dire, en observant furtivement la paume trop frêle,
elle y grava un cœur. Un cœur éphémère. Libre des enchevê-
trements de l'art musulman. Un cœur froid, inaccessible à
toute générosité. Submergé par les vrombissements intena-
bles de la place. Un cœur inapte à l'amour. De sa seringue, elle
irrigua alors « cet organe mâle par excellence ». Si la vie
s'accorde au féminin, pensait Bahia, son battement est mascu-
lin. Son pouls est mâle. Elle dessina sur la main de la jeune
femme avec cette semence verte qui brunit en séchant. Comme
pour figer ce cœur et le rendre définitivement fermé aux
péripéties de l'amour. Un cœur vert sur une main blanche.
Tout autour, des veines : des veines bleu violacé. Des veines
fines. Des veines froides. Venelles où tout interfère avec tout.
Le sang avec la chair. La peau fine avec la poussière du désert.
Les phalanges avec les remparts rouges de la ville. Bahia
allongea à son tour ses doigts effilés et prit le triste billet que
lui tendait la touriste. Vingt dirhams. Vingt dirhams pour
éprouver dans sa chair cette autre face de la civilisation arabe
et berbère. Le henné livrait à ces jeunes étrangères un avant-
goût de l'inconnu en Islam. Occasion inespérée de réduire

l'immense différence qui les séparait de cette culture. L'acte
en soi leur semblait une concession à ce monde et leur
donnait la délicieuse impression d'être des initiées. Des hou-
ris. Prêtes pour les noces. Aptes à la joie et à l'allégresse. La
place frétillait alors d'un subtil jeu sexuel exalté par la musique
et les chants, profanes ou religieux, qui montaient des kios-
ques et des cafés. Les yeux rivés sur leur tatouage encore frais,
elles doublaient de leurs torsions délicatement sensuelles celles éternelles et divinement ambiguës des cobras qui dan-
saient au rythme de la confrérie des Issaoua.

Bahia m'aperçut enfin. Nous nous embrassâmes tendrement.

« Ne t'occupe pas de moi, lui dis-je.

– Ça risque de durer longtemps. Nous sommes samedi. Il y a
beaucoup de clients.

– Ce n'est pas grave. Je t'attends. »

La ville prend ses aises en ce début d'après-midi. Elle
semble s'étirer et pousser au loin sa respiration. Au-delà d'un
horizon qui se perd d'un côté dans les montagnes de l'Atlas,
de l'autre vers le désert invisible et pourtant fortement présent dans les esprits et les regards des passants. Le désert est
le véritable arrière-pays, abstrait et imaginaire, qui donne à
Marrakech l'étrange et mystérieux raffinement de sa culture

arabe, andalouse et berbère. Culture de la précision et du détail. Comme pour se protéger de l'ouverture du temps sans limites, des étendues désertiques. Culture sans mièvrerie ni emphase, de l'ascétisme des graphismes du Sud à la générosité sans faille inspirée du soufisme. Les gens, à cette heure-ci du jour, fusionnent littéralement avec la chaleur molle et sableuse où s'enfoncent leurs fantasmes curieusement indestructibles. J'ai soudain la sensation de devenir transparente. Presque légère. Assez légère pour éprouver le poids des différentes épaisseurs historiques qui font de Marrakech l'un des plus complexes et des plus agréables palimpsestes, dépourvu de cette arrogance propre aux villes stratifiées et structurées par une mémoire et un passé trop importants. Une atmosphère d'éternité enveloppe l'espace. Je suis incapable de cerner l'étendue de ma volonté. De mon désir vague de rentrer chez moi ou de rester dans la ville désolée et appesantie. La chaleur prodigue une sensation de sable mouvant dont le tourbillon creuse étrangement l'espace.

Je pense soudain à mon cours sur Lautréamont. Au deuxième chant de Maldoror. Aux pavés de Paris. À la mort d'un jeune garçon le soir entre la Bastille et la Madeleine. À mes étudiants que toute littérature française non engagée ennuyait très sérieusement. Ils n'aimaient que Camus, Sartre, Malraux. La politique, dont pourtant l'État les avait subtilement dissuadés

de s'intéresser de trop près, occupait une place centrale dans
leur vie. Peu à peu, des pratiques très perverses de l'enseignement les avaient conduits, sans qu'ils s'en aperçoivent véritablement, à concentrer leur réflexion sur le renouveau de
l'Islam. On les nourrissait des doctrines fondamentalistes
qui remontaient jusqu'à Ibn Taïmiya plutôt que du grand
Islam traditionnel. Je constatais un peu plus chaque jour
combien il m'était difficile de réduire la distance qui me
séparait de mes étudiants. Nous étions issus de milieux diffé-
rents. Nous avions une formation différente. Nous n'avions
pas le même rapport à la langue française, dans laquelle
pourtant se déroulait le cours.

Je rapprochai de Bahia un petit tabouret recouvert d'une
peau de mouton et me laissai envahir par l'exultante cacopho-
nie de la place. Une délicieuse sensation d'abandon me plongea très vite dans une extase sans fin. J'étais moi-même la
place. J'étais moi-même la multitude de bruits divers et enivrants. Mon corps se dilata. Se liquéfia. Devint lui-même
l'infini. Des sons. Des sons graves. Aigus. Grinçants. Stridents. Musiques. Klaxons. Brouhaha. Vrombissements de
moteurs. Cliquetis des marchands d'eau. Puis des voix. Des
voix rauques. Cassées. Sèches. Des voix qui percent ce tinta-
marre général et s'ancrent dans le tissu foisonnant de la cité.
Dans sa folie. Dans son délire. Pourtant, je sens encore le

désert. Le désert est là. Sur la place. L'illustre place Jemaa-
el-Fna. Mosquée du Néant. Début de la vie. Seuil de la
méditation. De la communion avec l'inconnu.
    Exquise et irrésistible sensation d'abandon. *Istislam* : si
puissant et si volontaire abandon de soi. Appartenance à
l'invisible. À l'indicible. Fusion avec un désert fortement
présent et concret dans cette ville qui, durant des siècles, s'est
acharnée à le repousser. À le nier. À lui tourner le dos. À
défier sa menace en lui opposant des jardins. De la verdure.
Des *arssate*. Des *jnanate*. À combler cette violence irrépressible
du sable voué à la démesure. À l'illimité. Le désert est donc là.
En moi. Sur la place. Pas en perspective, non. Mais dans les
têtes. Dans les regards. Les mémoires grouillantes continuent,
j'ignore comment, à perpétuer le danger de l'immersion
incontrôlable dans le sable. Oui ! Les gens de Marrakech
drainent dans leur regard l'insaisissable éblouissement du
nulle part. Des yeux fixés sur rien. Des yeux fièrement tour-
nés vers le passé. Les regards de Marrakech ont peur. Mais
leur histoire ancestrale leur confère une foi indestructible en
l'avenir. « Il n'est rien arrivé de grave à nos ancêtres. Il ne
nous arrivera rien de grave. Les sept saints de la ville sont là et
veillent. » C'est cela que diffusent les regards, sombres et
merveilleusement brillants, des gens de Marrakech. Mais ils
ne sont pas moins voyeurs pour autant. Ils se délectent de ce

temps indéterminé dont ils semblent disposer. Un temps juvénile. Presque inconscient. Un temps finalement, lui aussi, marqué par le feu inapaisé du désert. Je suis là et la peur de parler à Bahia me broie. Lui parler de sa fille. De sa folie. De sa perte ! Pourtant j'y tiens et j'y arriverai. Je détends mes membres et plonge dans l'infini de mon corps et dans la dissolution de ma raison. Je suis en moi. De nouveau protégée. De nouveau intouchable. Comme il est étrange de pénétrer une ville dont on ignore les coutumes ! Ou plutôt leur réalité quotidienne. Seulement là, à Marrakech, il est possible de rencontrer des gens qui traînent en courant et qui courent en traînant. Des corps lents et paradoxalement court-circuités par l'électrisation générale de la cité. Mes pores s'aèrent. Les passées de nuages que j'observe dans le ciel prolongent mon âme. Je perçois encore la musique. Les décibels ne me parviennent pas, je les émets moi-même. Ils s'échappent de mon corps par bribes. Fragments. Ils envahissent l'espace. *Melhûn*. Aïta. Britney Spears. Gnawas. Samaa'. Puis Oum Kaltoum. L'inépuisable Oum Kaltoum, confondue avec l'idée de Oumma, cette plate-forme commune à tous les Arabes, d'où qu'ils viennent et où qu'ils soient. L'Égypte est là. Debout. Dressée. Auguste. Répertoire éternel. Boulimie d'existence. Le soleil est presque couché. Le temps s'écoule. L'arrivée de la nuit amplifie l'ivresse sonore généralisée.

Apporte avec elle les émanations magiques des fumets. Les parfums d'une identité culinaire régénératrice. Les noms des mets défilaient dans ma tête, balisés par les odeurs de mon enfance. De mon Maroc. Poivrons frits. Poissons *m'charmel.* Pieds de veau aux germes de blé. Poulet *m'kalli. Hrira.* Aubergines frites. Puis le *tebanne,* profondément lié pour moi à la célébration du sacrifice d'Abraham, l'*Aïd el-Kébir,* la grande fête. L'extraordinaire reconnaissance de tous les prophètes en Islam. La preuve d'une foi inconditionnelle en Dieu. C'est cette foi populairement répandue et admise qui fait que Marrakech existe encore.

Les bruits des marchands de gastronomie nocturne se mêlent harmonieusement aux autres qui semblent plus estompés. Plus apaisés. Comme pour mériter l'arrivée de la nuit et en jouir délicatement. Sans déranger les habitants d'outre-tombe. Sans réveiller le désert menaçant. Des tables continuent de s'installer et de dessiner des rectangles qui délimitent symboliquement leur espace. Des lanternes s'allument, découvrant de nouvelles têtes dans leur mouvement magique. De nouveaux regards. De nouveaux rêves. La médina surgit enfin, là. Derrière moi. Derrière mon dos. Enfin libérée de la confusion diurne. Comme si la nuit lui rendait son identité de fière citadine et la débarrassait de l'instabilité dangereuse du désert. Tout grouille. S'affaire. Les gens ont inconsciemment assimilé la tradition des fermetures de la ville. Bien qu'elle ait été abandonnée, cette habitude de se précipiter le soir pour rentrer chez soi avant la fermeture des portes de la médina détermine le comportement des riverains. Ils courent pour ne pas risquer de se retrouver exclus de chez eux, mais surtout de leur appartenance aux murailles de cette ville. C'est cela aussi que souligne nettement l'arrivée de la nuit. Il y a soudain les gens de Marrakech, puis les autres. Tous les autres. Les étrangers. Les éternels passants. Ceux qui depuis des siècles se succèdent. Interchangeables. Ébahis. Passionnés. Fascinés par cette cité proche du désert et pourtant triomphalement citadine. Ils vont et viennent et nourrissent leurs âmes du sentiment d'éternité que profère la ville. Ignorant, pour la plupart d'entre eux, que Marrakech est une incommensurable matrice. Un vagin cosmique où l'humanité tout entière peut encore puiser l'énergie féminine et maternelle indispensable à la création et au ressourcement essentiel. Marrakech, surgie des sables, est une profonde et inépuisable réserve d'humanité.

Je regarde Bahia, imperturbable et concentrée sur le henné qu'elle continue de répandre, participant à l'exaltation générale et sensuelle de la ville. Je pense un instant que les religions auraient pu naître là. Marrakech, la Jérusalem d'Occident !

Peut-être est-ce de là que lui vient sa puissance d'éternité. Bahia continue de tatouer. De vider des seringues. De remplir des seringues. De fixer l'éphémère. Elle ne me regarde pas. Elle refuse de me regarder. Elle refuse de parler de sa fille. De son autisme. Je sais qu'elle préférerait me voir disparaître dans la nuit. Dans la foule. Dans le silence qui ne semble encore exister sur cette place que dans les recoins obscurs de sa conscience endolorie. « Tu es folle de quitter Casablanca pour Marrakech. Entre le poids de l'histoire et celui de la misère, les gens sont abattus ici. Va-t'en. Fuis. » C'est cela qu'elle m'a dit le jour de mon arrivée dans cette ville. C'est cela qu'elle dit encore aujourd'hui. Mais sans mots. Avec l'immense épaisseur d'une parole silencieuse. Hantée. Une parole fantôme. Une parole de cadavre. Pourtant la vie grouille. Même si les gens ont l'air très lents. Détachés. Toujours ailleurs. Insaisissables. Sans lien repérable avec le présent. Les racines profondes de la nostalgie entravent véritablement leur marche. Ils sont inscrits dans l'éternité du présent, et le futur, à leurs yeux, n'est qu'une rêverie vaine et puérile. Exilés du temps, ils errent à travers les siècles avec la force de l'innocence. L'odeur enivrante de *boubbouche* me parvient au moment où Bahia me fait signe. Nous allons bientôt partir. Bientôt confronter nos deux solitudes. Nos deux silences. Zahia est entre nous. Inoubliable. Éternelle elle aussi, mais d'une éternité péremptoire. Verticale comme les rares palmiers que j'imagine non loin de là dans les jardins de l'Agdal où j'aimerais tant m'enfoncer. Verticale comme la Koutoubia qui s'illumine à l'instant pour saluer les hommes et les anges. Verticale comme la mémoire ancestrale des grands textes arabes glorieusement conservés par les conteurs de la place. J'imagine la quintessence de l'amour selon Ibn Hazm :

> *L'amour que j'ai pour toi persévère en son être*
> *Absolu, sans en rien retrancher ni grandir ;*
> *Il n'a d'autre raison que mon vouloir,*
> *Et nul ne lui connaît de cause que lui-même.*

La poésie voisine avec la langue populaire de la rue, délicieuse et grivoise. Une langue enrobée de ruse et de charme. Une langue imprégnée de clins d'œil et d'esprit *n'kaïti*. Une langue bédouine flirtant avec la langue sacrée. Une langue presque sexuelle. Onctueuse, elle emplit le corps et la bouche. Elle flatte l'esprit sans jamais oublier qu'il n'y a d'existence réelle que dans le secret respectueux du corps et de sa sensualité. Bahia s'affaire enfin. Elle accomplit quelques gestes rituels et range seringues, poudre et récipients dans un panier de jonc, dissipe sa colère sur les toits lointains de la vieille ville et dans une immense tendresse me demande de l'aider à se soulever. Elle s'oriente vers souk Ablouh sans même me regarder.

II

Nous passons non loin du *Café de France* et je songe à
Mme Paul Éluard assise en terrasse, récitant peut-être ce mer-
veilleux passage de *Donner à voir* : « Sur la place grandie d'une
seule ombre centrale et où les lampes et les arbres sautent le
mur de la lumière, dix doigts transparents travaillent. Mon-
treurs d'images, des plus anciennes : l'Enchantement, aux
nouvelles qui sont la Grâce, ils perçoivent l'inconnu sous la
forme d'une amie du connu. »

Bahia s'arrête sans se préoccuper de moi. Je l'imite. Des têtes
de moutons. Des têtes célibataires. Des têtes décapitées scrutent un horizon incertain. Un horizon dépourvu de haine.
Dépourvu de tristesse. Toutes ces têtes, cuites de surcroît, ne
semblent aucunement rancunières à l'égard de l'homme. Je
crois même déceler des sourires. Bahia en achète une, cuite à
l'étouffée, enrobée dans des feuilles de carde. Elle avance et
s'arrête de nouveau chez le marchand d'olives. Des milliers
d'olives, présentées en pyramide, témoignent de la perpétuation

des traditions culinaires. Elle en prend des vertes et des
rouges, fait quelques pas en arrière et compose elle-même son
bouquet pour le thé : menthe, sauge, marjolaine, géranium
rosa, le tout amélioré de l'irremplaçable absinthe. Je comprends que sans me consulter elle a décidé que je dînerais
avec elle ce soir. Je m'abstiens de payer, de peur de la vexer. Je
la suis sans mot dire, soucieuse de ne pas la perturber. On
s'enfonce dans les ruelles de la médina. Nos corps ondoient
au rythme des autres corps. La fusion avec les passants est
quasi immédiate. Il n'y a pas de solitude possible dans cette
architecture savamment organisée pour la communauté. Les
corps deviennent matière. S'interpénètrent. Communient à
leur insu. Ondoient et, dans la danse générale, le chant des
couleurs des djellabas et des foulards capte les lumières vives
que l'on devine sur la cime des minarets. Bahia avance, elle
aussi sans mot dire. Et je la suis. Et je suis au loin le mouvement frétillant de son regard possédé par l'harmonie
ambiante. « Elle aime Marrakech ! » me dis-je. Elle s'abreuve
de cet espace et enivre son âme afin de la libérer de la terrible
et vaine concentration, nécessaire au tatouage. Un tatouage
privé de sa dimension sacrale. Un tatouage mimétique dépouillé
de spiritualité. Un tatouage qui grince dans sa tête comme les
multitudes de gestes tronqués d'une modernité caricaturale.
Un tatouage qui pourtant et malheureusement la nourrit. Son

regard change peu à peu. Elle retire enfin son voile de mousseline et baisse la capuche de sa djellaba. Dépose sa rage, se détend et s'imprègne de la générosité qui l'entoure. Cette transformation m'aide enfin à cheminer vers la vraie Bahia : celle de mon enfance. Celle qui accompagnait sa mère, Lalla Tata, déjà vieille à mes yeux d'enfant. Je n'avais que peu d'années derrière moi et j'ignorais qu'un drame fatal allait nous lier pour la vie. Elle venait, disait-on, pour « aider sa mère au linge. L'aider au blé. » Elle me souriait. Mais elle souriait à tout le monde autrefois. Zahia n'existait pas encore. Zahia n'était pas encore folle. Bahia et sa mère faisaient partie de ces personnes que j'avais toujours vues dans ma grande famille. Des personnes qui entraient et sortaient, me semblait-il, sans raison particulière. Un jour pourtant ma curiosité devait rompre tout cet anonymat et percer une lucarne dans le vif de la vie. J'avais, j'ignore pourquoi et comment, accompagné Bahia, plus âgée que moi d'une quinzaine d'années, chez elle. La misère m'avait saisie sur le seuil et l'uniformité granuleuse et plutôt illusoire des murs chaulés me fit l'effet d'une vérité crue, dénuée des caprices de toute civilisation. Ni zellige ni stuc ni marbre... Rien. Que la stricte et incontournable nécessité, exempte de rêve et de fantaisie, qui fixait le temps lui-même et le figeait dans la blancheur irrégulière du mur, si ancien que j'eus l'impression d'être dans les coulisses de la

vie. Dans cette part refoulée et obscure de toute ville millé-
naire. Je compris à la vue d'une série de seaux et de bassines
pleins d'eau que Bahia faisait partie de tous ces gens que je
regardais, amusée, puiser de l'eau à la fontaine publique. Le
murmure de l'eau émanant de la vasque de marbre qui m'avait
vue et écoutée grandir devenait soudain au sens littéral du
terme source de vie. J'eus honte. Profondément honte. Sans
cette fontaine publique, Bahia et tous les siens n'auraient eu
accès ni à la vie ni à la décence. Ils vivaient alors dans une
petite retraite que ma famille leur avait cédée. On y avait fait
installer quelques matelas et des ustensiles de cuisine. Cela
abolissait la possibilité d'une véritable rétribution pour l'aide
apportée. D'ailleurs c'était inhabituel et quasi impensable à
cette époque. Le personnel étranger à la famille apportait une
aide véritable en échange d'une prise en charge qui n'était pas
identifiée comme telle. L'accord était tacite. Quelquefois il me
semble que Bahia a honte de tous mes souvenirs. Une vie
entière à observer l'implacable persistance de sa misère. À
croire qu'un fil de la trame de sa vie avait lâché. Le temps et
les événements s'étaient mal agencés et avaient entraîné dans
leur dérive une succession de ruptures.

   Elle était encore très jeune lorsque mourut son père. Lalla
Tata, sa mère, s'était peu à peu installée chez Bradia, ma
grand-tante. À la mort de celle-ci, elle était venue à Marrakech

où elle vivait de ses dons de *tabbakha* auprès des vieilles familles de la ville. Bahia vivait avec elle et tout se passait dans la plus grande des harmonies jusqu'au jour où elle tomba amoureuse d'un maçon qui refusa de l'épouser. Zahia naquit donc dans l'illégitimité et tout se compliqua. Bahia l'avait élevée tant bien que mal sous la pression de sa mère qui lui avait interdit de l'abandonner.

Portées par le mouvement général, nous traversons presque à notre insu le souk Smarine. De lourdes tresses teintées au henné coupent en leur milieu des silhouettes généreuses et pourtant graciles. Les jambes soulèvent de leurs pas lents et insouciants l'air chargé d'odeurs de cuir, de beignets, de parfums, de musc, de dattes et de thé à la menthe que les artisans consomment à longueur de journée. Nous obliquons en direction de la maison mais toujours sans rien dire. Nous dépassons Jemaa-el-Hanna et nous éloignons peu à peu du bourdonnement général. Les ferronniers, si bruyants habituellement, ont déjà fermé leurs échoppes. Il fait presque noir. Seules quelques faibles lanternes nous éclairent. Pourtant il ne viendrait à l'idée de personne d'avoir peur dans la médina. Profondément émue, je continue de suivre Bahia. Nous enfilons finalement la ruelle calme et sombre de Derb-al-Anboub. J'ignore pourquoi mais je compris que nous étions enfin arrivées. Une petite porte en bois, simple et pourtant lourde et ancienne, nous accueille. Elle n'utilise pas sa clé pour ouvrir et cela signifie tout de suite pour moi que sa mère, Lalla Tata, est là et j'en suis particulièrement heureuse car elle ne manque jamais de me parler de Bradia, cette grand-tante qui me fascine tant. Nous entrons et le premier mot que prononce Bahia, « Mère ? », déchire le silence. Il est étrangement chargé de l'intensité du respect que tout vrai musulman observe à l'égard de sa mère. Nous pénétrons dans un minuscule vestibule, prolongé sur la gauche par une petite alcôve et, face à l'entrée, par la seule et unique pièce donnant sur un patio. Surplombé par un coin de ciel, je crus soudain y reconnaître l'œil de Dieu, plein de la véracité de ses épreuves. « Dieu est-il capable d'injustice ? » pensai-je.

Je m'approchai de Lalla Tata et perçus combien tout mon être se métamorphosait. Je n'étais plus moi mais l'enfant devenue adulte d'une famille que je n'avais, de surcroît, que très peu connue. J'admettais cependant qu'une force surprenante émanait de toutes les personnes qui y avaient vécu. Une sorte d'assurance probablement due au fait que jamais la question de Dieu et de l'Existence ne les avait embarrassées. Le divin faisait partie intégrante de leur univers. Je ne voulais pas qu'elle se souciât le moins du monde de ma présence. Aussi, à ma grande surprise, ne bougeait-elle pas. Comme si ce regard, ouvert sur une âme somme toute très sereine, drainait avec lui la transparence de mes émotions. Elle savait mieux que moi la texture intime de mes origines. Je compris, ou plutôt je sentis, combien sa vie m'était précieuse. Nos mémoires étaient, par le génie du hasard, écrites avec les mêmes histoires. Nous appartenions certes à des générations totalement différentes mais cela, plutôt que de nous éloigner, étrangement constituait le sas même de notre relation. Sans elle j'ignorerais tout des coulisses de Bradia, qu'elle appelait tout simplement *Lalla*, madame. Aussi, sans même y songer véritablement, je sus que la nuit ne s'écoulerait pas sans qu'elle me parlât de celle-ci. Je l'embrassai avec effusion.

« Quelle joie de te trouver là, Lalla Tata !

– Comment vas-tu ma fille ? »

Elle se tut un instant puis, se tournant vers Bahia tout en s'adressant à moi, ajouta d'un ton presque empreint de colère qui me prouva qu'elle savait pourquoi j'étais là :

« Tu fais bien de lui forcer la main. Il ne faut pas désespérer de Dieu. Elle s'obstine à croire qu'il n'y a plus rien à faire. »

Elle me fixa à mon tour et de son regard me pria en quelque sorte d'intercéder auprès de Dieu pour pardonner à Bahia son scepticisme et conclut :

« Tant que Dieu ne l'aura pas abandonnée, Zahia ne sera pas perdue. »

J'acquiesçai avec une docilité qui confinait à l'inertie. À la lâcheté même, certaine que toutes ces paroles transperçaient davantage le cœur meurtri de Bahia qui était convaincue qu'il n'y avait pas de solution. Mais plus je regardais Lalla Tata, plus je pensais combien la douleur est capable d'élever l'être humain au secret de l'harmonie des mondes. Elle siégeait sur le temps, du haut de sa vieillesse, avec l'implacable force d'une sagesse arrachée à l'obscurité des ténèbres et des sombres contingences de la vie. Elle n'observait plus dans l'existence que sa quintessence, vierge de toute l'insolente inquisition du malheur. Tout en elle célébrait le silence et son parfait accord avec un centre du monde dont elle ne semblait plus détacher son regard. Sa parole, si généreuse quand il s'agissait de commémorer le passé, se rétractait face au présent. Chaque fois qu'elle parlait de Bradia et de Dada M'Barka, sa belle esclave noire, le jour brûlait de tous ses feux la nuit froide de la mort. De leur mort à toutes deux. Elles renaissaient intactes dans sa bouche. Elles renaissaient du mouvement même de ses lèvres. Ressuscitées et altières. Elles affluaient alors à mon esprit, l'irriguant à son insu de la mystérieuse puissance de l'illusion. J'étais, par moments, persuadée d'avoir physiquement palpé l'extravagance de leur relation. Je ne me lassais jamais d'entendre leur histoire, que la perversité de mon imagination m'avait finalement autorisée à faire mienne. Toutes les femmes qui les avaient approchées en parlaient avec une délectation quasi solennelle. Comme si l'admiration de deux femmes, qui s'étaient pieusement appliquées à transgresser les mœurs si strictes d'autrefois, suscitait ou devait naturellement susciter une fascination incontrôlable qui transpirait avec force jusqu'à ma génération. Les versions de ma mère, de Lalti Taja sa tante et de Lalla Tata différaient évidemment. Néanmoins toutes, absolument toutes, portaient de manière infaillible le sceau de la fascination. Comme si et Dada M'Barka et Bradia avaient pris sur elles d'assumer toute l'audace que les femmes de leur époque n'avaient pas vécue. Elles étaient le signe de la liberté au sein même du harem.

Pour ce qui me concernait, elles étaient à l'origine de mon mépris si profond à l'égard du féminisme tel que l'histoire du xxᵉ siècle en avait délimité les contours. Son aberrante imposture quant à la nature réelle de la femme au Maroc m'avait toujours amèrement étonnée. Le féminisme avait, sans discernement aucun, réduit la femme à l'expression de la loi. Ainsi donc pendant plus d'un siècle il avait, jour après jour, donné les pleins pouvoirs au politique. Ignorant combien l'individu et la société sont naturellement aptes, s'ils le désirent, à interpréter la loi. Et c'est de cela, précisément de cela que, leur vie durant, Dada M'Barka et Bradia avaient fait

la démonstration. Elles étaient *entrées en liberté* comme on entre
dans un ordre, puissamment armées de l'essence même de
leur féminité. C'est ainsi que le jour de son mariage, Bradia
avait défié la loi.

Bahia était restée silencieuse depuis notre arrivée. Elle se
leva et me fit signe de la suivre. Entièrement chaulé et ourlé
de géraniums rouges et de basilic, le petit patio me fit l'effet
d'un coin de paradis, vaguement éclairé par quelques lam-
beaux de lune. Je fus très émue de vérifier encore une fois que
ces espèces végétales étaient définitivement associées aux
boîtes de métal des huiles Cristal. Cela me parut tellement vrai
que j'ignore, encore maintenant, s'il m'arriva jamais de les
voir plantées ailleurs que dans ces boîtes de récupération.
Nous entrâmes dans un petit appentis et Bahia, toujours sans
rien dire, s'affaira pour le dîner. Au bout d'un long moment
elle se tourna enfin vers moi. Ses yeux brillèrent de larmes
mais sa trop grande décence lui interdit de s'épancher plus.
Elle me fixa longuement et, sans transition, fit déferler sur
moi toute la violence de son reproche :

« Tu m'avais pourtant promis de ne pas aller sans moi à
l'hôpital ! »

J'ignore quel démon me dicta ma réponse, toujours est-il
que sans cillement aucun, je répondis froidement et lentement.

« Inutile de me le demander encore une fois. Je continuerai à essayer de rendre visite à Zahia quels que soient tes efforts pour m'en empêcher. Si tu veux, je peux cesser de t'en parler. Mais renoncer, jamais. »

III

C'ÉTAIT DANS UN de ces moments de fatigue étranges et pourtant très précis que j'avais décidé, malgré la chaleur encore très forte de Marrakech, de me rendre à l'hôpital. Que Zahia fût définitivement autiste, je n'en doutais plus. Non pas tant à cause de ce que m'avait dit Bahia, ou plutôt de ce qu'elle ne m'avait pas dit, mais à cause de sa voix. Une voix détachée. Distante. Presque neutre. Une voix impersonnelle. C'était cette voix qui, à l'insu même de Bahia, me renseignait sur ses pensées véritables. Sa voix se voulait autonome pour ne pas signifier que, au-delà de toute souffrance pour sa fille, s'était glissée au plus profond de sa gorge une sonorité lointaine et empreinte d'un réel désespoir, à peine perceptible. Méconnaissable tant elle semblait surgir de nulle part, avec le goût âcre et nauséabond d'un lieu humide et désaffecté. Or, très curieusement, c'est justement cette absence d'émotion qui trahissait Bahia et me permettait ainsi de détecter dans le moindre détail, l'état réel de sa souffrance. Le temps de la douleur avait achevé d'imprimer, dans le vide effroyable de sa voix, les vicissitudes de sa vie. La joie. L'amertume. La détresse. L'indifférence bien souvent. Sa voix était l'ultime signe qui indiquait l'intensité de cette douleur, mais également sa nature. Comme si la sagesse de Bahia et son intelligence à percevoir la vie la dotaient d'une existence qui évoluait parallèlement à la sienne propre. Sa voix dégageait cependant ce sentiment de sécurité indescriptible que l'on éprouve dès lors que la douleur, ou plutôt son principe fondateur, nous oriente vers les voies insoupçonnées de la sublimation. Paradoxalement la souffrance, si l'on ne refuse pas de l'affronter, nous élève au rang des élus. Le cosmos fait alors partie de nous. Il nous sert, nous écoute, nous accueille. C'est cela. Cela même que me contait cette voix du dehors de Bahia. Les mots qui émanaient de sa voix s'installaient dans l'espace avec la grâce mystérieuse d'une bâtisse érigée au centre du monde. Enveloppés de solitude mais fascinants de proximité. Tout cela avait contribué à métamorphoser mes moyens de perception : lorsque je l'interrogeais sur l'état de Zahia, je mesurais, avec une acuité quasi physique, l'étendue de chaque mot, comme je l'eusse fait pour un mur d'enceinte. Pour une clairière. Pour mon propre corps. Comme si les mots, expulsés par cette voix contre leur gré, acquéraient une irrémédiable autonomie. Ses mots ne lui appartenaient plus. La souffrance l'avait dépossédée de l'essence du langage. Je n'ignorais plus combien la structure même de sa phrase était aléatoire et quelquefois totalement superflue. Les mots, libres de tout souci grammatical, se déposaient un à un avec la lourde et lente complicité du temps, et constituaient peu à peu une véritable stratification archéologique de toute son histoire. De toute sa famille.

Zahia était malade. Définitivement malade. Or mon affection, si puissante, empêchait que toute chose la concernant prît un quelconque parfum de résignation. Mon impatience et mon amour pour elle repoussaient toute idée décisive et irrévocable vers les contrées les plus lointaines de ma pensée.

Seul l'état de Zahia justifiait ma présence à Marrakech. J'ignore de quelle manière la douleur avait pétri ce visage, autrefois beau et sensuel. Je n'en avais pas la moindre idée. Je n'avais pour seule réponse que les dix années passées à Paris et qui me séparaient d'elle.

J'écoutai ma curiosité, à présent totalement indépendante de ma volonté, et parvins tant bien que mal à stationner sur le parking réservé à l'administration de l'hôpital. La lumière blanche du matin de septembre emperle la cime des arbres. Le jour brille à travers les branchages touffus. Tout semble apaisé. Les couleurs elles-mêmes sont silencieuses. L'air se recueille. Un ciel sans fond embrasse la transparence des choses. Dieu, de toute évidence, repose dans une paix profonde.

Conscience extrême de soi et du dehors. Communion solennelle avec l'infinité du monde. Chaque arbre, dans le prolongement informe et abstrait de la pensée, devient substance pure. Atmosphère strictement feuillue. *Toujours* est là. Persistance de durée inaltérée et inaltérable, stagnant comme une mer d'huile sur les êtres et les choses. *Toujours*, vaste marée de temps inerte étendue sur la totalité de l'espace. Quand *Toujours* coïncide avec exister, l'être embrasse l'éternité. Je me sens contaminée par une sensibilité d'exil. Sensualité de mémoire où l'extérieur et moi communions avec l'étrangeté de ce qui n'est pas moi. De ce qui n'est plus moi. De ce qui, émanant de moi, devient un peu, par le jeu instable de l'émotion, ce quelque chose en moi qui est aussi Zahia. Ma part de folie dangereuse que ma peur innommable de la déraison engloutit dans l'immensité de l'indicible.

Le roucoulement, de plus en plus vaste et envahissant des pigeons que je ne vois pas, semble s'élever comme un chant funèbre pour donner à cet hôpital le nom de Ibn Nafis, « fils de la bonté », si proche de Ibn Nafs, « fils de l'âme ». Destin bouclé, me dis-je. Destin strictement circulaire où l'être devient le faire. Où le temps de la parole qui nomme rejoint et rattrape celui du devenir. Ibn Nafis. Hôpital de la raison. Hôpital de la sagesse. Hôpital des cerveaux. Hôpital des maladies mentales ou tout simplement des fous. Autant d'appellations tronquées et populaires où s'enlise le visage monstrueux d'une loi dépourvue de logique apparente et qui sournoisement passe de l'ordre au désordre. Aucune trace d'aucune fêlure. L'espace semble au contraire tamisé. Libre et libéré de la vie. De sa conscience. De ses effrois. De sa puérile nécessité. *Toujours* plane sur moi et mon quotidien et m'empêche d'imaginer que, derrière ce lourd silence, se cachent des cerveaux en détresse. Du roucoulement innocent des pigeons j'avance vers le bourdonnement inconcevable du chaos. Je m'enfonce dans cette matière verte, ponctuée çà et là — à mon grand étonnement — de fresques murales sans autre intérêt que celui d'exister et, peut-être ou sans doute, d'humaniser cet espace qui, sans cela, ressemblerait à s'y méprendre à un curieux laboratoire d'expérimentation zoologique en pleine jungle. Je pense soudain au peintre Saladi, originaire de Marrakech, qui a fait de nombreux séjours dans cet asile, et j'ai un pincement au cœur. Il est mort, pensai-je. Et je vis grouiller ses personnages — mi-hommes mi-oiseaux.

Les fresques qui me séparaient, sur la gauche, de l'enceinte de l'hôpital, n'avaient malheureusement rien de cet imaginaire en feu de Saladi. Il n'aura donc laissé aucune trace de son passage, me dis-je. Comme si la folie, aux prises avec la mort et ses administrateurs divers, se transformait en un marécage universel où s'enfonçait la mémoire, tant des malades que du corps médical lui-même. Le silence s'était donc refermé sur Saladi comme sur la dernière page d'un dernier livre. Les malades, tous voués à l'endormissement, avaient – outre la maladie – cette autre et terrifiante chose en commun : la ressemblance. La douleur finit par niveler les visages selon son principe propre. La douleur est cette matière sombre et informe où l'être continue pourtant d'observer cette frontière, si mince, qui différencie l'être fou de douleur de la plus bestiale des bêtes. Frontière du droit à la mort, rongée par le pouvoir avilissant des barbituriques. Les malades ne meurent plus, ils s'en vont et ne reviennent jamais. Ma peur de trouver un visage hirsute, derrière lequel des infirmières prétendraient que se cache celui de Zahia, me paralysa.

« Bonjour, j'ai rendez-vous avec le docteur R. s'il vous plaît.

– La RAM est en grève. »

Oui. C'est bien cela qu'on me répondit. Après tout, pensai-je, peut-être que ce monsieur ne se déplace qu'en avion ? Tout de même ! J'attrape au passage une infirmière et réitère ma question.

« Je ne sais pas, me répondit-elle.

– Mais qui sait ? Qui peut me renseigner ?

– Personne. Personne ne sait rien ici. » Puis elle continua, sans s'arrêter, de traverser l'espace. J'osai à tout hasard une dernière question.

« A-t-il une assistante ?

– Non, non. Il reçoit lui-même ses malades...» puis sa voix disparut dans l'un des nombreux pavillons donnant sur la réception centrale. Je m'assis sur une chaise noire en métal dans la salle d'attente. J'observai un long moment tous ces visages profondément habités par la maladie et la douleur. Ma présence dérangeait visiblement les infirmiers. Ils me proposèrent à plusieurs reprises de m'installer dans une salle calme, «à l'écart de ce bruit de fous», disaient-ils. Mais quelque chose d'indiscernable me clouait à cette chaise sans âme. Une jeune femme, et pourquoi pas, se prenait pour un muezzin. J'observai la folie monter le long de ce corps frêle et se fixer sur les cordes vocales dont les vibrations arythmiques propulsaient dans l'espace un appel à la prière. Sa voix chevrotante ne lui appartenait pas. Elle traversait ce palais asséché par l'effet des barbituriques dont l'efficacité, visiblement, ne résistait pas à l'appel du divin. À son cri. Des minarets se dressaient alors au centre de cette étroite salle d'attente. Au milieu d'un désert infini dont l'horizon se confondait avec le ciel de mon imagination en délire. Je calculai, au bout du cinquième appel, que l'intervalle qui séparait une prière de l'autre durait très précisément sept minutes. Elle se taisait. Puis de nouveau la voix s'élançait très loin dans le désert et le minaret se dressait de plus en plus haut et solitaire. Pourtant il me sembla un moment que Dieu, dans un mouvement de miséricorde, lui tapota tendrement l'épaule et la laissa à son jeu. Les sept minutes s'écoulaient et ce petit bout de femme implorait comme pour la première fois son Seigneur. Tout, alors, s'apaisait.

Le silence quoique réel avait quelque chose de bourdonnant. Mon regard passait d'une pupille dilatée par les drogues à un sourire immobilisé par une obsession intérieure. Mon attente n'avait plus pour nom le Dr R. Les montres, les pendules, les horloges, toutes ces machines savantes inventées par l'homme pour nourrir la délicieuse impression de maîtriser le temps et son écoulement, tournaient à vide. Tous ces êtres, disposés comme des pupilles de la nation dans ce petit vestibule, étaient justement et véritablement des exilés du temps. Tout était suspendu entre raison et déraison. Entre vie et mort. Entre être et non-être. Seule ma propre angoisse m'obligeait encore à discrètement regarder le cadran de ma montre pour constater que l'intervalle des sept minutes entre les divers appels était scrupuleusement respecté. Elle disparut finalement derrière une porte et sa voix s'éteignit peu à peu dans la nuit des calmants que lui avait injectés un docteur barbu et ne portant pas encore de blouse blanche. L'urgence de la faire taire avait été plus pressante que l'habitude d'enfiler

son tablier avant même de saluer les infirmières. Craignant que l'attente ne se prolongeât, je me dirigeai sans trop tarder vers un autre infirmier, visiblement occupé à parler à un couple de paysans : « Oui, oui. Elle ne me regardait pas, monsieur. C'est étrange elle me tenait là, voyez-vous, là monsieur. Oui là. Elle était à genoux...
– Tais-toi », lui lança ce qui avait tout l'air de ressembler à son mari. Apparemment moins défait, il s'informait de la posologie à suivre pour le traitement de sa fille.
« Oui, monsieur. Oui, là. Comme ça. Elle me tenait là et de l'écume sortait de sa bouche... »

Les mots se succédaient et s'enfonçaient dans le rapport à l'inconnu inhérent à toute folie et auquel se trouvait confronté ce couple d'une cinquantaine d'années dont la jeune fille semblait déjà très atteinte. Ils s'effaçaient dans la non-réponse du non-médecin. La paysanne s'adressait à un homme de santé. La *blouse blanche*, glorieuse et sacrée, avait force de loi. Elle était la loi. L'homme en blanc était le seul en mesure de gober – un à un – ces mots en dérive. La paysanne en fait ne disait rien. Sa parole béante ne disait rien. Elle était fascinée par l'innommable pouvoir du blanc. De sa loi. Abîme ouvert sur l'autre absolu. Autre devenu réceptacle de la plaie d'un cerveau écumant.

Attirée à mon tour par le blanc du tablier, je demandai très timidement :

« Excusez-moi, monsieur, dois-je attendre le Dr R. ?

– Je pense que non. Il ne viendra pas... Prenez tout de même son téléphone : 044 30 23 87, 044 30 23 87, 044 30 23 87, 044 30 23 8... » Les vannes étaient lâchées. Des chiffres en lieu et place des mots. Je saisis au plus vite un stylo et mon calepin tandis que quelque chose en lui continuait de répéter : « 044 30 23 87, 044 30 23 87, 044 30 2... » Il se pencha comme pour vérifier l'exactitude de ce que je notai et me regardant, ajouta : « 044 30 23 87 ou 88. 88, oui. »

Je notai et épuisée le remerciai. J'étais littéralement assaillie par ces chiffres transformés soudain en une démangeaison irrépressible de la zone du langage. Il me rattrapa et de sa voix pourtant claire et calme me précisa :

« Les deux numéros sont bons », et finalement il entra dans un bureau.

La porte se referma sur lui mais mon cerveau, pris au dépourvu, ne put se défaire de ce numéro. Contaminé, pensai-je. L'imposant infirmier à la blouse blanche était contaminé. Une vie sous la persistance de l'imprévu. Pensée intruse. Atmosphère vacillante. Vertige du langage. Ricanement de l'esprit. Un quotidien strident rongeait la patience du corps médical. Je ressortis en courant. Parking à gauche de l'entrée principale de l'hôpital. Voiture noire. Mimosas sauvages. Figuier mâle. Des yeux traversent les arbres et me déstabilisent. Je fais tomber mes clés. Les yeux noirs, figés, ne bougent plus. Je les fixe à mon tour tout en ramassant les clés. Je saute vite dans la voiture. Je m'enferme. Il tient une faucille. Une lune de fer. Une lune rouillée. Je fais marche arrière. Il laisse tomber sa faucille. Écarte le lourd feuillage du figuier et me scrute. Sa bouche se déploie en un immense sourire qui en dégageant le blanc intense des dents fait déborder un regard large et dilaté. Je démarre et roule vite, pleine d'une émotion inachevée. Le Dr R. n'est pas là, je ne peux donc voir Zahia. Bahia, qui venait toutes les semaines voir sa fille, avait interdit aux infirmiers de laisser qui que ce soit lui rendre visite sans son consentement.

IV

Je traversai le patio dans l'autre sens et rejoignis Lalla Tata, abandonnant Bahia à sa terrible solitude. Il me semble que, inconsciemment mais surtout très lâchement, je choisis la sagesse de sa mère plutôt que d'assumer avec elle son désarroi. Magnanime et presque hautaine devant l'acharnement grossier du malheur, Lalla Tata m'attira à elle et se proposa de me raconter pour la énième fois les noces de Bradia. Sa voix, extraordinairement douce et habitée, égrena une infinité de mots que ma mémoire réorganisa avec la délicieuse arrogance de la liberté. Sa voix et mon imagination se côtoyaient alors mais sans se rencontrer vraiment.

Le jour des noces de Bradia avait été l'occasion d'une intense activité sociale et politique. Des signes du pouvoir, repérables par tous, dictaient les règles d'une soumission devenue naturelle au fil du temps. Les témoins assermentés, convoqués pour établir l'acte de mariage, ne pouvaient qu'observer. Tout commentaire ou jugement de leur part aurait été perçu comme un manquement à un comportement profondément conventionnel. Leurs regards, fixés au sol, portaient tout le poids d'un temps chargé des pressions sourdes d'une abnégation sans limites et sans faille. Le temps des juristes et celui des notables n'étaient pas le même. Leurs chemins, pourtant tracés pour l'éternité par la sharia, avaient été séparés par des siècles d'une conception différente de la vie. Les uns étaient nés pour accommoder les lois à leurs caprices, les autres pour les observer dans leur dimension pérenne et inébranlable.

Les *adul* n'ignoraient pas dans ces cas-là leur rôle de simples techniciens de la loi. Ils savaient que Sid al Bachir se référait à un rite non pratiqué au Maroc pour les contraindre à accepter des clauses qui les scandalisaient par ailleurs. Deux des enfants des plus grands notables de la ville devaient contracter un mariage. Ils n'avaient donc qu'à approuver. Leurs regards se confondaient avec la passivité annihilante que n'avait pas manqué de provoquer une interminable attente. Ils étaient, semble-t-il, pris en otage non seulement par Sid al Bachir, le maître de séant lui-même, mais également par leur statut de fonctionnaires. La tension était montée et l'assemblée des hommes, conviée à cet effet, avait émis quelques signes d'impatience. Des messes basses avaient alors parcouru la salle. La rumeur s'était répandue qu'un différend de taille opposait les deux familles. On parlait certes de la beauté présumée de la fille, mais aussi et surtout de ses mœurs. De celles de son père. De sa mère. Tout le monde buvait et fumait dans cette illustre famille. Sid al Maati et son fils Hammad, le jeune marié, n'étaient pas dupes de cela. Mais ils étaient loin d'imaginer que ces mauvaises vertus pouvaient non pas figurer sur l'acte de mariage, cela était bien évidemment impensable, mais simplement faire l'objet d'une condition devant les *adul*. Comment pouvait-on leur imposer un tel affront ! Néanmoins la loi permettait bel et bien de stipuler les clauses les plus invraisemblables. Le mariage était avant tout un contrat entre deux partenaires, libres d'accepter ou non les conditions l'un de l'autre. Le père n'avait pas hésité à proposer à son fils de rompre cette alliance. De mettre fin à une telle mascarade. Mais Hammad, qui avait vu une photographie de sa future femme, osa discrètement mais efficacement suggérer à son père un comportement moins radical. D'autant qu'une autre innovation de son beau-père l'arrangeait parfaitement. Il avait décidé, contre toute habitude, de célébrer les noces de sa fille le jour de la signature de l'acte.

«Elle n'a que dix-sept ans, lui dit-il. Dieu m'aidera à la remettre sur le droit chemin.» Les passions s'apaisèrent et l'on convia enfin les juges. L'assurance naturelle de Sid al Bachir

amplifia la puissance de ses cordes vocales. Sa voix de ténor
se saisit de l'assemblée et lui assigna d'exécuter sa volonté :
« Ne venez pas dans trois mois invoquer les préceptes de
l'Islam. Je ne vous recevrai pas. Ma fille Bradia boit et fume.
Je connais la loi. Là, devant les juges, acceptez-vous de
l'épouser à la condition de respecter ses désirs ?
  – J'accepte, dit Hammad. Dieu n'est-il pas miséricordieux ? »
  On convoqua Bradia qui formula également son consentement.

  Blêmes, les *adul* s'abstinrent de tout commentaire, préci-
sant cependant qu'il s'agissait d'un engagement verbal. Ils
paraphèrent l'acte, apposèrent leur sceau et la *fatiha* fut
prononcée. On psalmodia quelques louanges à la gloire du
prophète Mohammed. Les *zrarite* (youyous), au loin, amplifièrent l'espace. Des vibrations sonores et stridentes signifièrent
le dévoiement du temps. Celui de deux êtres. De deux destins. Destins définitivement soudés. Nœud indélébile dans
l'histoire du hasard. L'orchestre des *cherifates* entama une sorte
d'hymne au mariage. Un hymne de joie et d'amour. Les
femmes s'emparèrent de la fête. De la fête mais aussi du cours
de l'histoire. Les hommes avaient fait valoir la loi, ils n'avaient
plus qu'à se retirer. Leur rôle était précis et circonscrit. Eux

écrivaient la loi. Les femmes écrivaient la vie. De leurs rires. De leur perspicacité. De leur corps mais aussi de leur sang et de leur sagacité. Si les hommes avaient l'au-delà pour horizon, les femmes plus réalistes se fixaient la terre pour réceptacle. Elles se chargèrent sans plus tarder du déroulement de la cérémonie qui se poursuivit jusqu'à vingt heures, heure à laquelle Hammad devait rencontrer sa femme pour la première fois et la conduire dans sa propre famille.

Il pénétra alors dans le salon des femmes et, aidé des *neggafate*, se dirigea vers le trône où siégeait Bradia. Sa démarche – pourtant apparemment légère – s'articulait au rythme de ses pensées confuses mais empreintes d'une joie réelle et démesurée. L'oubli avait si cordialement effacé le poids très lourd de son éducation traditionnelle et religieuse qu'il s'en étonna. Mais sa surprise, loin de l'égarer dans les méandres d'un questionnement qui lui paraissait somptueusement inutile à ce moment-là de sa vie, le débarrassa bien vite des rigidités insoutenables d'un passé, fait de lois et d'observance. Il s'approcha tout tremblant, porté à son insu vers cette femme inconnue – qu'il n'avait fait qu'entrevoir sur une photographie vieille de trois ans et aux contours fuyants et incertains. Ses jambes s'immobilisèrent. Il perdit toute conscience de ses pieds enfoncés dans le triangle pourpre du tapis de Rabat qui – lui sembla-t-il – enregistrait dans sa mémoire

centenaire ses débuts hésitants dans une vie désormais conju-
gale. Il parvint jusqu'à elle et ne perçut, tout d'abord, que sa
paupière frêle et diaphane et sa bouche dont le contour net
traduisait à lui seul une fermeté qui le troubla. Son visage,
enserré dans la lourde coiffe de satin vert brodé d'or, lui parut
quelque peu allongé par le diadème serti de diamants et
d'émeraudes. Son cou, noyé dans les flux multiples de l'inévi-
table *mdejja*, le collier de perles de culture à plusieurs rangs, il
le devina et le désira fin et long. Lorsque, enfin, elle leva
discrètement ses yeux pour l'apercevoir à son tour, elle put
vérifier en un clin d'œil combien la beauté de son futur mari
était conforme à la description que lui en avait faite une de ses
tantes. Hammad fut littéralement happé par le bleu saisissant
de son regard. Toute sa foi s'y logea.

Bradia, aux mœurs si peu conventionnelles, trônait comme
la substance même du féminin. Soutenue par les habilleuses,
elle quitta son siège. Leurs mains se rencontrèrent et ce
contact attendu fit émerger la plus vieille des mémoires du
monde. L'être même du désir vacilla au seuil de ce geste anodin
où se cristallisait pourtant, dans un mutisme ancestral, toute
la fatalité de deux hasards, scellés par l'obscure et indicible
fascination de l'amour naissant. Portés par le brouhaha de
la musique et des *zrarite*, ils quittèrent l'immense *qobba*
pour enfiler les voies incertaines du destin. L'orchestre des

cherifates se tut et l'on entendit au loin les voix rauques et lancinantes des Issaoua surgir des percussions et se répandre dans l'espace comme s'il s'était agi du dernier chant de la terre. Un fil ténu avait alors séparé l'origine du monde de son extinction. La vie et la mort vibraient ensemble. À l'unisson. Suspendant – ici et maintenant – l'être et son langage dans une éternité immanente. Leurs corps, tout de blanc vêtus, se tenaient, augustes et droits, dans le mouvement divinement vertical du *tajrid*. Ils étaient de véritables boucliers de l'Apocalypse. La procession s'avança solennellement comme aspirée par ces voix qui pour quelques instants avaient emprunté à Dieu sa grâce et sa détermination. Le cercle de la vie s'enroulait et se fermait encore une fois, une éternelle fois, sur l'accomplissement vertigineux de l'union de tous les infinis et de tous les néants. Deux âmes communiaient à leur tour sous le regard fier de leur Seigneur.

Bradia, enveloppée dans un voile finement tissé et brodé, avait délicatement retiré ses babouches cousues d'or et posé ses pieds dessinés au henné la veille sur les soieries du palanquin. Quatre hommes le hissèrent et se dirigèrent vers la maison paternelle de Hammad où devaient avoir lieu les noces et où elle devrait vivre dorénavant. La procession, avec Hammad à sa tête, traversa les quelques venelles qui séparaient les deux maisons. Les femmes maudirent encore une

fois le pavement qui les obligeait de temps à autre à claudi-
quer.

À Meknès, sur la place Jemaa-Zitouna, l'ombre du minaret
se prosterna. Dans la maison de Sid al Maati, le père de
Hammad, la procession fut accueillie par les *tebbala* et *ghiyata*.
Comme au théâtre l'action allait enfin commencer. Les jeunes
mariés entraient de plain-pied sur la scène de la vie. Les noces
auraient lieu dans quatre ou cinq heures tout au plus et le
séroual, le long caleçon traditionnel, devrait témoigner symboliquement, devant tous les invités, de la virginité de la
mariée. Il assistait par procuration à l'accomplissement final
du sacrifice et offrait sa face blanche, immaculée, aux yeux durs
et hagards des voyeurs. La vue du sang apaisait alors tous les
éblouis de cette hérétique tradition. Le sang avait coulé. Bradia
était une vraie vierge. Le cercle pouvait de nouveau se dérouler
sur l'ère incommensurable du temps. Le séroual, exposé alors
sur un plateau, donnait lieu à un rituel aussi complexe qu'osten-
tatoire. Les habilleuses entonnaient de nombreux éloges de la
mariée mais aussi de sa famille. Les invitées se dirigeaient
ensuite vers l'élue pour la féliciter sans oublier de tendre un billet
d'argent aux *neggafate*, en guise de reconnaissance.

La voix de Lalla Tata se tut un moment, entraînant dans son
mutisme le flux de ma mémoire. Bahia, qui très visiblement

avait profité de sa solitude pour pleurer, vint nous servir le dîner. De l'épaule d'agneau et des légumes à la vapeur, abondamment saupoudrés de cumin, accompagnaient à présent la tête de mouton, achetée à souk Ablouh. Nous bûmes du thé aux diverses menthes afin de faciliter la digestion et prîmes des grenades et des mandarines encore vertes, pour finir. La nuit était très avancée et je décidai de la passer avec elles. J'éprouvai une joie quasi enfantine à l'idée que nous allions dormir dans la même pièce. Celle-là même où nous avions mangé. Celle-là même où je venais d'écouter encore une fois l'histoire de Bradia. Bahia m'apporta une chemise de nuit et des draps que nous étendîmes sur le divan. Le plus naturellement du monde, nos intimités se mêlèrent au chuchotement doux des prières du soir de Lalla Tata qui nous aidèrent à pénétrer sereinement dans un profond sommeil. Je lui souhaitai bonne nuit, lui faisant promettre de me raconter la suite des noces mais surtout, surtout, les relations de Bradia à Dada M'Barka qui, bien qu'esclave du père de Hammad, se mit au service de Bradia dès son arrivée dans sa belle-famille.

Il n'était pas loin de 10 heures du matin lorsque Lalla Tata me réveilla. Bahia avait acheté des beignets et préparé des crêpes. Je fis rapidement ma toilette et allai m'attabler avec elles dans le petit patio. La chaleur était trop forte pour la saison. Nous ne fîmes allusion ni à Zahia ni à l'hôpital. Je décidai d'aller avec Lalla Tata rendre visite à Lalti Taja, la sœur de Bradia, heureuse de feuilleter avec elle certaines des plus belles pages de l'histoire de ma famille.

V

DADA M'BARKA portait toujours et quelle que soit la circonstance la même coiffe blanche attachée à la manière de Fès. Le
même cafetan blanc. La même mousseline blanche. Elle trônait sur mon imaginaire d'enfant comme la substance de
lumière crue d'une fin d'hiver marocain. Atmosphère blanche
mais cinglée de noir. Oui. Dada M'Barka était noire. D'un
noir brillant. Un noir de nuit. Un noir qui giclait sur le blanc
soyeux de ses étoffes. Un noir jailli des abysses de l'esclavage.
De la chair moite et humide du Sénégal, du Mali, du Soudan ?
Elle ne le sut jamais. Noire mais toujours de blanc vêtue. Je
ne l'ai jamais vue que comme ça.

Ma mère me racontait qu'elle était là le jour où Bradia
arriva dans sa nouvelle famille. Elle lui était destinée. C'était
SON esclave. Celle offerte le matin de ses noces. Celle prévue
pour l'accompagner dans son intimité. Dans les méandres de
ses caprices extraordinaires et extravagants, pour apaiser les
frémissements subtils et tempétueux d'une féminité exaltée

par des yeux débordant un visage à l'ovale parfait. Des yeux bleus balayant de leur trouble, couleur d'océan, des mèches blondes, presque cendrées. Bradia était d'un blond d'or. D'un blond inhabituel au Maroc. D'un blond arrogant et déroutant. La légèreté de son teint et sa transparence diaphane avaient, me répétait ma mère en insistant, la nuit profonde de Dada pour s'abîmer. Elle lui avait, comme l'exigeait la tradition, souhaité la bienvenue en lui offrant un bol de lait et des dattes. Bradia avait certainement humecté délicatement ses lèvres du fade liquide blanc et mordu discrètement dans la datte comme s'il s'était agi du fruit défendu. Bradia fut accueillie avec beaucoup d'intérêt et de curiosité car tout le monde était au courant de ses excentricités et de son goût pour l'alcool et la cigarette. Tenant Dada par le bras, elle fut invitée par les habilleuses professionnelles, chargées de s'occuper d'elle pendant sept jours, à investir ses appartements personnels. L'alcôve de la *qobba* avait très soigneusement été isolée par un rideau de dentelle brodée, la *dakhchoucha*, et qui donnait son nom à la retraite des jeunes mariés. Personne à part eux ne pouvait accéder à cette antichambre du désir mais aussi de la vie à deux. C'est là qu'ont lieu les premiers ébats amoureux. Là aussi que, à l'abri des regards indiscrets de la famille, ils apprennent à se connaître et à partager leurs repas en tête-à-tête. Seule Dada, lorsque Hammad sortait, était habilitée à venir de temps en temps proposer le pot de chambre à la mariée qui est supposée, durant cette semaine, être comme par magie dispensée de cette sorte de contingence. Et chaque après-midi et pendant sept jours, la mariée s'assoit dans son salon privé afin que les *neggafate* procèdent à la séance d'habillage pour la cérémonie rituelle de rencontre avec sa belle-famille. C'est ainsi qu'un jour, elle avait, profitant d'un moment de solitude avec Dada, confié ses premiers sentiments au sujet de Hammad.

« Il n'est pas mal tu sais, lui dit-elle en lui tenant chaleureusement les mains. Un peu timide mais ça lui passera. Je ne déteste rien tant que la timidité. Il est beau. Grand. Attentionné et surtout, ajouta-t-elle en levant les yeux au ciel, surtout il me fait, disons, assez correctement l'amour. Alors que puis-je demander de plus ? »

Ce qu'elle n'avait pas osé dire, en outre, c'est qu'il était trop bien élevé à son goût pour percevoir l'un des aspects de sa personne qui l'amusaient le plus : son tempérament de séductrice et d'aguicheuse. Elle se savait suffisamment raffinée pour jouir des astuces de l'esprit et pour privilégier ce petit rien dévergondé qu'ont les vraies femmes. Sa mère, Lalla Bathoul, lui avait trop bien appris à se délecter des petites nuances de la vie qui libèrent des contraintes d'une éducation simplement bourgeoise. Rien ni personne n'échappait à cette

vision à contretemps qui subtilement créait la différence avec
le commun des mortels. Non qu'elle considérât Hammad
comme inintelligent, loin de là, mais son esprit manifestait
encore une logique trop limpide pour être toujours alerte et
efficace. Cependant son goût pour la poésie et la littérature
arabes diminuait sa rigidité. Ancien élève de l'université de la
Qaraouiyyine, Hammad avait su enrichir d'un grand amour
des lettres sa culture islamique. Et les quelques rudiments
d'instruction que la jeune femme avait acquis chez les bonnes
sœurs lui valaient une grande estime de sa part à lui qui, par
amour mais surtout par souci de partager avec elle, lui lisait
quelques textes, le soir, à voix haute. Elle savait d'instinct que
son salut résidait là, dans cette ouverture sur un espace qui lui
était, à proprement parler, interdit mais dont la complexité,
justement, lui permettait de cultiver le désir de son mari. Elle
n'ignorait pas non plus toute l'aide que pouvait lui apporter
Dada, dont la vie n'avait − heureusement ou malheureusement − pas eu à s'encombrer d'interdits de cette nature. La
plus grande crainte de Bradia était d'avoir à renoncer à sa
personne pour s'enfoncer dans une vie mièvre, meublée
d'enfants, de bijoux et de prière. Elle ne rejetait rien de tout
cela à condition qu'on ne l'obligeât pas à abandonner son
amour pour la cigarette et pour les plaisirs vertigineux du vin
et de l'eau-de-vie de datte que lui procurait une vieille Juive en

échange de bidons d'huile d'olive ou de *khlii*. Tout en elle vibrait. Rien, pas même le lourd système patriarcal de sa nouvelle famille, ne l'avait réduite à vivre à l'ombre de ses désirs. Un jour, et cela il semble que jamais Dada M'Barka ne le lui pardonna, elle l'avait brusquement prise par les épaules et, à l'abri de l'indiscrétion des habilleuses, lui avait demandé sans détour :

« Hammad t'a-t-il déjà fait l'amour ? »

Dada avait semble-t-il fixé longuement Bradia avant de répondre sur un ton catégorique :

« J'appartiens à son père, non à lui, et c'est son père que j'aime et non lui. Tu n'as donc rien à craindre. »

Un long silence avait ourlé cet énoncé. Apparemment très anodine aux yeux de Bradia, cette question avait éveillé chez Dada la douleur vive d'une mémoire brisée. Jamais elle n'avait pu même en rêve remonter jusqu'à son enfance. Pourtant le sentiment d'appartenance à une vraie mère persistait. Et chaque fois qu'elle devait parler de sa personne en termes de propriété privée, une souffrance lointaine la submergeait. Rien, pas même un maître aussi attentionné que le père de Hammad, n'avait réussi à définitivement enfouir sa blessure. Leurs regards félins s'étaient fixés et un pacte de complicité avait été signé à jamais. Aucun mot n'est assez puissant pour traduire l'intensité de leur échange. Conscientes l'une et l'autre de leur beauté, elles avaient en commun une grande idée de la féminité et de la jouissance. Les habilleuses lui avaient recommandé de se reposer. Sept jours durant elle ne devait quitter sa *dakhchoucha* que l'après-midi pour rejoindre le salon. Parée et habillée, elle était solennellement installée sur le divan central rehaussé d'un grand coussin brodé à cet effet. Bradia supportait très mal ce rituel qui l'obligeait à une immobilité à laquelle elle n'était pas habituée. De plus en plus nerveuse, elle vivait dans l'attente de la cérémonie finale du septième jour au terme de laquelle elle pourrait entamer un rythme de vie normal au sein de sa nouvelle famille. En attendant, elle observait patiemment les dizaines de femmes qui chaque après-midi étaient là, prostrées et supposées partager sa joie.

Des yeux. Des yeux bruns. Profonds. Chargés de cette sombre bêtise que ne tarde pas à graver dans l'âme les limites de toute éducation strictement religieuse et bourgeoise. Autant de pupilles happées par la beauté étonnamment inhabituelle de Bradia. Leurs regards lourds d'ennui et de convention déformaient leurs visages qui gisaient là comme des épaves rejetées par une mer hostile et déchaînée. Quelque chose de tristement laid dégoulinait de ces nombreux visages, pourtant si peu fardés en général. Peut-être une enfance traquée par les mêmes mots, les mêmes espoirs, les mêmes désillusions. Toutes ces femmes portaient dans la texture de leur peau le poids d'une religiosité ricanante. Inadaptée et frelatée par des mœurs réactionnaires et archaïques dont l'origine lointaine avait fini par se confondre avec des pratiques musulmanes autrefois justifiées. Elles avaient pris place sur les divans comme on s'installe au tribunal. Or l'accusée était déroutante. L'accusée semblait en parfaite harmonie avec l'existence. Pleine de fougue et d'assurance, ses yeux irradiaient de mystère et d'intelligence. Et toute cette élection, le soir de ses noces, était une véritable flamme à la gloire de l'amour. Loin des méandres sombres d'une résignation qui se voulait pieuse. Bien au contraire, sa grâce féline dévoilait insidieusement la morne et corrosive vertu des femmes illusoirement sages et prudes. Ce que ces femmes ignoraient dignement était le visage terrifiant de la décadence. De ses restes inconsistants émanant d'une lointaine féodalité. La frontière invisible entre l'oisiveté animale et l'infernale fascination de la dépravation. Aucune d'elles n'aurait osé avouer combien elle enviait cette jeune femme belle et pétillante d'audace. «Elle a le charme envoûtant des pécheresses», avançaient certaines d'entre elles. Celles qui se voulaient les plus au fait des affaires de la vie et de la religion. D'autres plus fatalistes s'en remettaient à la force du pouvoir, affirmant avec une hautaine et discrète jalousie que tous les gens proches du *Makhzen* touchaient plus ou moins à ce «genre de choses», se gardant bien de les nommer. Créatures intouchables échappant à toutes les lois, y compris celles de la religion. Le *Makhzen* est synonyme de Mystère sacré qui ne supporte aucun discours, si respectueux soit-il. Certaines, du bout des lèvres, prétendaient que la responsabilité en incombait à l'amour quasi incestueux que lui vouait son père. Lui-même buvait et fumait. Mais c'était un homme. Et l'alcool dans sa bouche prenait le goût arrogant et civilisateur de la modernité. C'était un homme en accord avec son temps. Comment du reste aurait-il pu fréquenter les hautes sphères politiques de la colonisation sans adopter ses propres règles de savoir-vivre? C'était en somme presque un devoir. Tout cela était bien normal pour un homme très important. D'autant, précisa l'une d'elles, «que l'Islam n'a pas interdit l'alcool mais fortement déconseillé. D'ailleurs sa femme, Lalla Bathoul, boit et fume aussi. Mais que voulez-vous? Une femme ne doit-elle pas entière obéissance à son mari? Il semble vraiment qu'elle le fasse malgré elle. Certes elle prend un peu de *maajoun* quelquefois. Mais quel mal y a-t-il à cela, surtout l'hiver?» Mais à quelle responsabilité pouvait prétendre Bradia, à l'âge de dix-sept ans, si ce n'est celle de fonder un foyer dans l'étroite observance de la loi ? Surtout que Hammad, son mari, le pauvre Hammad était pieux. Un vrai saint. Fidèle à sa religion et à ses traditions. Non. Elle n'avait définitivement pas d'excuses.

Une autre rumeur froissait les soies de la précieuse assemblée. Ce mariage prenait à leurs yeux de véritables allures de scandale. Une vraie révolution qu'elles étaient à leur insu en train de cautionner par leur docte présence. C'en était trop. Mais comment refuser une telle invitation ? Comment oser de son plein gré se soustraire à ce qui se faisait de mieux dans la société ? Lalla Bathoul n'était-elle pas petite-fille de vizir ? Et Hammad lui-même n'était-il pas fils d'un des plus grands notables de la ville ? N'avait-il pas fait ses études dans l'illustre université de la Qaraouiyyine ? Non. Il eût été d'un total mauvais goût de décliner l'invitation. « Tout de même, chuchota l'une d'entre elles, imposer à ce pauvre Hammad de la laisser boire et fumer. C'est inadmissible. Le jour même de son mariage ! Non. Nous ne sommes plus en terre d'Islam ! » Elle se baissa et ajouta sur le ton de la plus stricte confidence : « Il paraît que c'est un rite hannafite ou quelque chose comme ça qui autorise ce genre de blasphème. C'est mon mari qui m'a dit ça. D'ailleurs il est furieux et n'a accepté de venir que par égard pour le pauvre Hammad. Il paraît qu'il est fou amoureux d'elle. » « Vous verrez, conclut sa fille qui n'était pas mariée et qui était transie de jalousie, cela finira sûrement par un divorce. » Seules les sœurs cadettes de Hammad, Tam et Houbaba, étaient littéralement ravies. Joueuses dans l'âme, elles avaient, sans même se concerter, décidé de se tenir disponibles à toutes sortes d'aventures émanant de Bradia. Elles la trouvaient non seulement belle mais drôle. Elle adorait faire de la balançoire et même jouer à la marelle. Elle aimait danser et chanter et avait suivi quelques cours de piano chez les bonnes sœurs. Tout cela était magique pour des femmes dont le tempérament, profondément marqué par les principes de cette féodalité décadente, n'aimait rien tant que l'excitation procurée par la dilapidation de leur être. Le monde était à leurs yeux une immense aire de jeux où tout leur appartenait et où tout était digne d'être détruit au gré de leur humeur. Rien ne les fascinait plus que le goût subtil et plein de risques de la transgression. Si Bradia était une « dépravée », cela en valait la peine. Leurs espoirs ne devaient pas être déçus. Au contraire. Les prouesses de Bradia en matière de vertiges allaient très rapidement élargir leurs propres horizons de jeunes filles désinvoltes et amateurs de sensations fortes. Les vannes d'une liberté sourde, pensaient-elles, allaient mettre fin aux barrières d'un harem déjà très rebelle. Un univers féminin avec ses règles internes et ses lois allait peu à peu s'organiser en marge de la société masculine.

Bradia possédait tous les ingrédients nécessaires à l'élaboration d'une liberté au sein même du cénacle des femmes, ne se doutant pas une seule seconde du poids, encore profondément ancré, des vieilles valeurs qui régissent sa société. Pour l'instant elle accomplissait pleinement son devoir de jeune mariée. Assise sur son trône brodé elle ne manifestait aucun signe d'impatience, si ce n'est de croiser les jambes de temps en temps. Lalla Bathoul arrivait alors et sous prétexte de rajuster la traditionnelle *takhlila*, sorte de traîne en crêpe de soie transparent brodé de fils d'or, lui intimait l'ordre de bien se tenir. Préoccupée par ses propres désirs, Bradia n'accordait pas d'attention à l'hostilité générale de cette assemblée.

Seule une femme, vêtue d'un cafetan de brocart rouge, semblait la regarder non seulement avec intérêt mais presque avec passion. Une jeune femme brune d'une grande beauté et chez qui Bradia crut reconnaître ce petit rien élégamment dévergondé. Elle avait dans les yeux une sorte de malice attendrie qui dérouta Bradia. Consciente de son pouvoir de séduction sur la jeune mariée, elle se leva et avec beaucoup d'audace et de sensualité se mit à danser. Tout ce petit jeu n'échappa ni à Dada ni à l'assemblée. Latéfa, qu'elle devait d'ailleurs revoir plus tard, la femme de B., était une autre « dépravée », elle-même proche de cet illustre et mystérieux *Makhzen*. Mais elle avait un autre défaut que ces précieuses

n'osaient pas même évoquer. Elles s'en remirent à Dieu
et psalmodièrent quelques versets pour éloigner le tout-
puissant Satan, décidément trop envahissant. Bradia brûlait
d'envie d'en savoir plus et se promit de faire parler Dada. Elle
pensa soudain très fortement à Hammad, qu'elle n'avait
jamais vu avant le soir de ses noces. Il lui plaisait réellement.
Lui faisait bien l'amour et était très délicat avec elle. Cela seul
comptait à ses yeux. La gestion des hôtes et de leurs suscepti-
bilités était l'affaire de sa mère et de sa belle-mère. Non la
sienne.

Soutenue par l'intelligence de Dada, elle supporta jusqu'au
septième jour, comme le voulait la tradition, les multiples
cérémonies comme des spasmes de socialité. Vers 9 heures
du soir, le dernier jour, les habilleuses annoncèrent par toute
une série de formules appropriées que la mariée devait se
retirer. Bradia se laissa soulever délicatement, s'arrêta, fit un
signe discret à l'assemblée en guise de salutation, chercha
furtivement le regard poignant de la belle Latéfa, baisa les mains
de sa mère et de sa belle-mère et, soutenue par les habilleuses, se
dirigea vers ses appartements dans la plus stricte tradition.
L'orchestre de musique maroco-andalouse, constitué de femmes, entama quelques chants d'adieu. La mère de Hammad,
une femme d'une grande dignité et qui n'appréciait guère ce
mariage, remarqua le relâchement d'une de ses filles. Elle fit

un clin d'œil à Dada et lui dit : «Les caprices se liquéfient. Vite, vite avant qu'ils ne débordent.» Sans que personne ne s'aperçoive de rien, Dada s'approcha de Tam et lui chuchota à l'oreille : «Ta mère te fait dire de te tenir droite et de ne pas balancer ton corps.» Elle redressa son buste et tint sa tête haute. Tout rentra dans l'ordre et les invitées commencèrent à se retirer.

Dada initia sa maîtresse aux habitudes de la maison. Loin de redessiner les contours d'une éducation trop pesante, elles cheminèrent ensemble, dans la plus grande des complicités, sur les voies du désir et de la féminité. C'était cela son vrai rôle ou du moins celui qu'elle s'était fixé, parfaire une féminité tout juste née à l'amour. Exalter les tremblements de l'âme et de la passion. Lorsque son maître, le beau-père de Bradia, l'envoyait quérir certaines nuits, elle faisait vibrer ses doigts longs et nerveux sur sa peau de jais et caressait ses seins lourds. «Il faut toujours enflammer ses veines quand on va voir un homme. Être en crue. L'envahir. L'inonder. Mais souviens-toi d'une chose, Bradia : ne succombe jamais à l'amour. Jamais m'entends-tu ? Apprends à le dompter. Comme un fauve. Une mer déchaînée. Un ouragan. Sois toujours prête, en cas de vertige, à le laisser échouer comme un vaisseau en dérive. Si tu fermes les yeux quand un homme te prend, maintiens toujours les oreilles aux aguets. Ou l'inverse. Mais ne le perds jamais de vue. Les hommes sont violents avec les esclaves de l'amour.» Observant le rituel du hammam avant de se rendre chez le père de Hammad, elle enduisait son corps d'argile à l'eau de rose, parfumait ses aisselles à la poudre de musc et, parée et maquillée, embrassait Bradia sur le front, sans jamais oublier le traditionnel clin d'œil qui confirmait chaque fois leur fragile et éternelle complicité. Au retour de ses nuits d'amour, lorsque Hammad était absent, elle se glissait dans l'alcôve à l'entrée de la chambre de Bradia, sinon elle rejoignait sa propre chambre, située à l'étage. Elle ne passait jamais toute la nuit dans les bras de son maître. Non parce qu'elle ne le désirait pas, mais par égard pour sa femme légitime avec laquelle elle entretenait les meilleurs rapports du monde. Bradia fumait beaucoup ces soirs-là. Elle aurait souhaité l'accompagner dans ses étreintes, sentir son souffle haletant et sa voix saccadée puis, par-dessus tout, ce qu'elle désirait ardemment était de saisir ce rire arrogant et troublant qu'elle lui décrivait au moment de l'orgasme. Bradia ne réussissait pas à rire en faisant l'amour. Comme si la jouissance la plongeait à son insu dans un état de dépressive solennité. Dada l'impressionnait également par la perfection de son costume. Jamais elle n'avait pu surprendre le moindre faux pli à sa coiffe, à son cafetan. À croire qu'elle ne se déshabillait même pas pour aimer le père de Hammad. Pourtant elle n'ignorait rien de leurs étreintes répétées tout au long de la nuit. Sa peau d'ébène, lisse et brillante, gardait pendant plusieurs jours l'odeur envoûtante de l'amour. Dada se sentait l'âme et le corps dilatés. Et c'est bien nue qu'il la prenait. Il la déshabillait lui-même afin de laisser ce corps ambré, aux courbes si parfaites, aux reins si fermes, exalter son désir. Le submerger. Les prouesses qu'il se permettait avec elle, l'esclave, étaient tout simplement inimaginables avec sa femme légitime. Lui, l'homme riche, puissant et respecté, pouvait enfin jouir d'un amour sans contrainte. Et lorsqu'il la possédait c'était bel et bien en termes d'amour et de liberté. Et s'il l'aimait avec passion, c'est aussi parce qu'elle savait lui tenir tête et lui faire goûter les extravagances d'un langage dépravé, inconcevable auprès de sa femme légitime, dont il avait très rarement aperçu le corps totalement nu. Toute cette éducation du plaisir, Dada la communiquait à la belle-fille de son maître et amant. « Afin, lui disait-elle, qu'il n'ait jamais besoin d'un autre corps que le tien. »

Bradia, qui pendant des jours entiers savourait ces récits, s'exerçait comme une apprentie avec Hammad. Elle offrait toute sa féminité à un mari qu'elle n'avait pas choisi mais qui lui convenait parfaitement. D'autant qu'il la laissait fumer et boire, pourvu qu'elle ne le fît pas devant lui. Mais il lui

manquait toute la dimension initiatrice et formatrice de la
douleur. Dépossédée des siens et de sa vie, Dada avait appris
à posséder son maître. Non par un acte mercantile, mais avec
la force de son intelligence exacerbée par les affres de la
souffrance et de l'angoisse. Elle le savait totalement attaché à
elle, et elle-même l'aimait d'un amour véritable. Mais elle se
gardait bien de provoquer la jalousie de Lalla Shama, la
femme légitime. C'est celle-ci qui l'avait accueillie à son arrivée et qui s'était occupée d'elle et lui avait appris à se tenir, à
s'habiller et à être la femme qu'elle était aujourd'hui. Même
ses dons de cuisinière, qui lui valaient une grande admiration
de la part de son maître, c'est à sa femme qu'elle les devait.

Bradia avait un amour sans bornes pour Dada. Au point
que sa belle-mère pensa un moment les séparer. Le scandale
fut tel qu'elle menaça de retourner vivre auprès de ses
parents. Hammad s'en mêla et tout se calma mais non sans
une certaine tension.

VI

LA LUMIÈRE a quelque chose de réellement nouveau le matin dans la médina. Comme si l'intensité des rayons lumineux aiguisait le sentiment, profond à Marrakech, d'appartenir à une histoire ancienne. Quelque chose de *la longue durée* s'inscrit dans l'horizon clair et dégagé. La lumière blanche est chargée de signes et d'enseignements. J'ignore de quelle manière cela agit sur moi, cependant un immense espoir quant au devenir de Zahia me rendit légère à la vie.

Il était midi passé lorsque, laissant sur notre droite la place Jemaa-Ibn-Youssef avec l'extraordinaire vestige almoravide, nous prîmes, Lalla Tata en tête, toujours à droite, le quartier des ferronniers. Je fus soudain happée par un bruit d'enclumes. J'avais complètement oublié le bruit quasi sacré du fer. Ma mémoire se raviva et me rappela combien j'aimais ce bruit et combien je le trouvais envoûtant. Du fer partout alentour. Du fer jusqu'au bout du regard. Des forges. Des enclumes. Des marteaux. Des tenailles. Des tisonniers. Des fouines. Des portes et des fenêtres en fer forgé, qui me firent l'effet d'un doux résumé du monde, attendaient que l'on vînt les prendre. Des objets, divers et inhabituels, se taisaient dans cette venelle toute de fer. Conversation de tôle résignée. Aplatie. Martelée. Diable de métal en furie. Hurlant. Piaillant. S'affairant dans un enfer de flammes et d'étincelles. Fer déchaîné. Vibrato. Cordes en délire. Nos corps méandrent dans cet espace jubilant où toute parole tinte. Une langue tonne en moi qui, d'abord constituée exclusivement de consonnes, s'augmente peu à peu dans la stridence ambiante d'une multitude de voyelles qui, embrasées par le feu sublime d'un jeune ferronnier, enflamment ce que je croyais n'être qu'un bruit et le transforment en un son limpide et aérien de clavecin. Nos tympans soudain explosent et, en nous abandonnant, se mêlent à l'extase généralisée. Des dizaines de marteaux – dans un geste régulier de transe – assomment l'éternelle feuille de métal. Des mains noires cramoisies geignent dans l'intimité du métal. Yeux de métal. Acte de métal. Être de métal. Nos corps cisèlent leur chemin. Nos corps, et cela je ne m'en souvenais plus, sur le chemin de chez Bahia, sont hypothéqués par le bruit de ce temps de soudure. Jamais ruelle de la médina ne m'a à ce point fascinée. Je m'arrête, subjuguée par le visage d'un vieux ferronnier dont l'apparence avait, par un phénomène indescriptible de sympathie, épousé la texture et la couleur du fer. L'horizon de son regard plongeait dans un passé où les souvenirs tremblaient dans l'espace comme une pénombre ajourée par les frétillements lumineux d'une persienne. La flamme verte de son chalumeau dardait des étincelles qui semblaient jaillies de ses yeux noirs, cernés de noir. Ses yeux de suie étaient ennoblis par la limaille de fer qui gardait la quintessence insoupçonnable de ce métal transmuté par une passion si évidente qu'elle se confondait avec chacun de ses mouvements. Poudre alchimique d'où s'échappaient des nuées d'une poussière chargée d'une mémoire lointaine et insaisissable. Des bribes de mémoire se déposaient par petites couches et constituaient une véritable archéologie du mystère. Il me semblait en l'observant que sa force, invisible tant il était maigre, s'était, elle aussi, métamorphosée en l'idée de la force et qu'il l'avait, au fil des ans, intégrée à chacune des particules de ses os. Ses veines elles-mêmes me paraissaient semblables à d'infinis serpentins de cuivre et je pensais qu'il y coulait du sang d'acier. Il se dégageait de chacun des coups qu'il assenait avec passion sur l'enclume une volonté tellement puissante qu'elle me parut un irrésistible abrégé de l'humanité tout entière. Sa composition n'était plus celle d'un homme mais celle de la matière. Et c'est dans les cernes de ses yeux, dans les plis de sa paupière amaigrie, que je crus comprendre pour la première fois toute la véracité des propos du grand alchimiste arabe, Jaber Bnou Hyane qui, faisant allusion au fardeau que Dieu assigne à l'homme dans le Coran, répond : « Il convient donc que l'homme garde à l'esprit ce qu'il supporte, s'en étant porté garant, l'ayant assumé, d'autant qu'il s'est engagé à cela. Mais l'avidité exclusive envers une chose permet toujours un grand résultat. » C'est cela que je lisais dans les rides de ce vieillard. L'avidité exclusive du fer dans sa relation au feu. Son geste hiératique et ancestral œuvrait sur l'espace comme un sceau frappé à l'encre animale de *smaq* et dont la puissance symbolique agissait sur mon cerveau comme un baptême. Mes origines se fondaient soudain dans la fluidité de la matière embrasée par l'incandescence des flammes, étrangement vertes. L'histoire du monde était là, dans cette suie qui me faisait l'effet d'une poudre de temps. Tous les bruits de la terre s'étaient cristallisés en un tintement aigu dont le rythme, naturellement dodécaphonique, dotait ce vacarme archaïque d'une contemporanéité qui m'exaltait de plus en plus tout en augmentant ma perplexité. Ce rythme, me dis-je, a sûrement une relation secrète et occulte avec le rythme de l'homme dans la chaîne du temps.

Lalla Tata, elle, semblait plus concentrée sur un jeune garçon dont chaque muscle, au contact apparemment intime du marteau, saillait et dont les veines, pleines d'un immense feu de désir, dardaient une lumière rouge qui s'élevait jusque dans la cime du minaret de Jemaa-el-Hanna, non loin de là. Lalla Tata, si elle ne percevait pas les termes exacts de ma méditation, n'en ignorait cependant pas la densité.

Elle m'attendit patiemment et lorsque progressivement je me détachai de cet univers de la ferronnerie, elle me proposa d'aller prier pour Zahia dans le *darih* de Ibn al-Arif. Ce que nous fîmes, avec le même recueillement, naturel et inné, que ne manque jamais de susciter ce petit sanctuaire où repose l'un des plus grands savants soufis de l'Andalousie du xiiᵉ siècle. Quelques rares personnes étaient assises là et ne semblaient avoir nulle autre préoccupation que celle, plutôt attendrissante d'ailleurs, d'observer le moindre mouvement des visiteurs. Nous prîmes également place sur une natte de jonc, recouverte dans sa partie supérieure seulement, de chutes de tapis de *chichaoua*. J'étais curieuse de savoir ce que toutes ces femmes, d'un aspect extrêmement populaire, connaissaient de la réalité de celui qui fut le grand maître d'Almería et qui mourut tragiquement d'une piètre aubergine empoisonnée, à Marrakech, vers 1141. Mais le plus étrange et qui me rendait ce saint si sympathique et affectueux se passe au lendemain de sa mort. Son savoir et son charisme étaient si grands que tout Marrakech désira s'approprier sa dépouille. Alors pour concilier ces volontés d'éloge posthume, le sultan almoravide Ali Ibn Youssef eut l'idée géniale de l'inhumer au centre géométrique de la ville qui fut mesuré par les ingénieurs d'alors avec une ficelle. Nous fîmes, Lalla Tata et moi, des prières supplémentaires pour le salut de Zahia. Je me recueillis une dernière fois sur sa tombe, tendis un billet à la gardienne du lieu qui me remit trois petits cornets de sel béni et protecteur puis nous nous retirâmes.

Il est deux lieux à Marrakech où me saisit, chaque fois que je m'y rends, la délicieuse impression que mon âme est véritablement étrangère à ce monde : ce sanctuaire d'Ibn al-Arif et celui si triomphalement solitaire de l'imam Sûhaylî, l'un des maîtres d'Ibn Arabi. J'avais le sentiment d'une légèreté si frêle et si vaporeuse qu'elle m'autorisait, sans effort particulier, à me libérer, du moins pour quelque temps, de la matérialité de mon corps. J'étais le monde et le monde était moi. Ma joie d'exister devenait littéralement incommensurable mais demeurait profondément solitaire. Rien ni personne ne me paraissait alors assez proche pour oser lui confier ne serait-ce qu'une mince part de l'immensité extatique de mon être. Je me taisais donc d'un silence intime et pourtant vaste et laissais dériver mes pensées.

VII

CELA FAISAIT PLUS DE DIX ANS que je n'avais plus vu Zahia. Son visage et toute sa personne s'étaient concentrés en un regard noir et immense, débordant un visage rond, lunaire, aux pommettes saillantes qui contrastaient avec le poids – apparemment lourd – de sa lèvre inférieure qui trahissait, malgré sa blancheur extrême, ses origines négroïdes. Une hérédité lointaine sans aucun doute mais dont les revendications, au demeurant légitimes, s'étaient fixé la lèvre inférieure comme mémorial. Si l'on ajoute à cela le poids de la démission de toute volonté, due aux barbituriques divers qu'elle avalait depuis des années déjà, sa lèvre signifiait dans ma mémoire, déformée par toute l'affection que je lui vouais, le signe même de sa souffrance. Le langage et chacun de ses mots semblaient au bord même d'exister, retenus au seuil de cette lèvre. Et comme par solidarité, ils paraissaient fondus les uns dans les autres. Ils semblaient être à l'origine d'un étrange ressac de cette lèvre qui n'en finissait pas de ravaler une écume blanchâtre et qui, délimitant les rives de ses océans intérieurs, arborait l'état réel de sa détresse. C'est de cette manière que Zahia habitait ma mémoire.

Ses yeux noirs infinis condensaient en un regard, quasi animal, toute la beauté que lui conférait la compacité d'une intelligence demeurée intacte. Malgré les doses très fortes de tranquillisants, son regard, s'il n'était dirigé sur rien de précis dans le temps ni l'espace, n'avait rien des regards humides et baveux des aliénés psychiatriques. Ses yeux, dans un mouvement circulaire et répétitif, semblaient remuer le temps tellement la douleur du choc – qui devait la faire basculer – avait contribué à en fossiliser les stigmates. La force qui traversait ce regard le propulsait comme un tonnerre vers les abîmes du ciel. Sa colère avait le bruissement sourd et appesanti de la colère de Dieu trahi par ses propres créatures. Un silence grave et palpable vrillait sa pupille et accusait le ciel d'une terrible complicité, car lui seul, pensait-elle, avait permis et autorisé une telle cruauté à son égard. Toute sa personnalité trônait là, entre cette lèvre irrévérencieuse et démissionnaire et ses yeux où se devinait un espoir indiscernable et pourtant intense.

C'est par ce regard qu'elle existait. C'est par lui qu'elle appartenait au monde. Par lui qu'elle possédait le monde, exempt de limites, de la folie. Par lui également qu'elle se fixa dans ma mémoire d'adolescente.

Sa démarche aussi demeurait intacte dans mon souvenir. Ses longues jambes me paraissaient alors si légères qu'il était difficile d'imaginer qu'elles portaient seules ce corps si majestueux. Il était tellement droit qu'il me semblait suspendu au ciel par un fil invisible. Ses jambes dévoilaient l'espace. Le baptisaient. L'emplissaient de cette grâce divine dont seuls les vrais humains sont capables.

Zahia était bien plus qu'une simple malade mentale pour moi. Elle était bien la limite même de ma propre folie. Ce terrain glissant d'où se détachent des bribes de réalité extérieure et qui, avec une grande violence, viennent insidieusement refléter l'incommensurable peur que l'on ressent face à tout déraillement du cerveau. Je n'avais que dix-sept ans lorsque je la vis pour la première fois. Je savais qu'elle devait venir. Je savais aussi qu'elle s'appelait Zahia. Je l'attendais. J'avais peur. Une peur indescriptible tapie quelque part au fond de mon corps. Un silence diffus qui rendait précaire mon rapport au monde. À ma naissance même, je crois. Un silence sans commencement. Sans racines. Et si je n'étais pas tout à fait normale ? me disais-je. Et si je portais en moi les germes de la folie ? J'étais alors à cet âge délicat et incertain où l'adolescence s'arroge le droit de redéfinir les contours de la personnalité. Une manière terrible d'être dépossédé de son enfance. De quitter le temps de l'enfance pour entrer démuni dans le temps de la responsabilité. Non pas un temps d'adultes ou de grands, mais un temps autre. Indéfinissable et qui me rendait étrangère à moi-même pour me propulser dans l'intimité de la souffrance. L'insécurité que j'en ressentais me faisait regretter l'innocence de l'enfance, sans rituel ni solennité mais où tout est empreint de l'odeur magique et secrète du sacré qui protège le temps de toute fêlure et le dote d'un futur inébranlable et transparent.

Zahia était alors internée à l'hôpital psychiatrique de Salé et devait, afin d'éviter d'être envoyée au mouroir de Berrechid où échouaient souvent les malades dont l'état ne s'améliorait visiblement pas, venir en convalescence au sein de ma famille. Sa grand-mère, Lalla Tata, avait préféré la savoir avec nous plutôt qu'avec Bahia qui, comme de nombreuses mères d'autistes, n'admettait pas la maladie de sa fille et lui rendait la vie impossible. Elle devait arriver aux alentours de 2 heures de l'après-midi. Un après-midi du mois de juin. Cette arrivée se doublait pour moi d'une réalité supplémentaire et que j'osai à peine m'avouer. La réalité de la folie elle-même. Mon angoisse me paraissait certes injustifiée et disproportionnée, mais je craignais tout de même que la proximité d'une malade mentale ne dévoilât quelque irrégularité dans mon comportement. Je craignais que mon amour de la solitude, que l'on me reprochait depuis toujours, ne présentât aux yeux de mes proches des similitudes avec la maladie de Zahia. Personne ne m'avait rien expliqué au sujet de ce qu'on nommait l'*autisme* et cela augmentait la dimension de l'inconnu que ce terme barbare évoquait à mes yeux. Un trou noir. Une zone d'ombre abandonnée à l'anarchie de l'interprétation et qui à mon insu meublait mon imaginaire, si fragile, des aspérités rugueuses du monstrueux. J'allais enfin savoir si j'étais folle ou bien simplement solitaire et sans doute trop silencieuse pour mon âge. Zahia devenait donc ma vérité sur la folie. Le point limite de mon identité. Étais-je normale ou ne l'étais-je pas ? J'avais pourtant, au fil du temps, appris à me lier d'amitié avec elle. À lui donner ses médicaments. À l'aimer. À l'aimer d'un réel amour, plein de confiance et de complicité. Et les quelque trois années qu'elle passa au sein de ma famille achevèrent de me lier à elle. Je partis pour un long séjour en France, l'année même où pour des raisons médicales elle nous quitta pour réintégrer les hôpitaux. C'est là, dans l'enfer de cet univers, que j'avais voulu, après une séparation de dix ans, aller la retrouver contre le consentement de sa mère qui ne supportait pas que l'on vît sa fille dans l'état de déchéance où elle se trouvait.

VIII

J'AVAIS UNE PEUR EFFROYABLE de ne pas retrouver le mystérieux et insolent pouvoir de la beauté de Zahia. Bahia, sa
mère, m'avait pourtant prévenue de l'état de délabrement où
l'avait installée la maladie aggravée par le système criminel et
aléatoire de la psychiatrie.

Une part du regard félin de Zahia était, avec l'insistance
irrespectueuse de la douleur, passée dans celui de sa mère.
La fille et la mère avaient peu à peu et lentement dérivé
de l'humain vers quelque chose qui serait le *presque-humain*.
Elles ne communiquaient plus par l'intelligence des mots et
de l'esprit mais par le silence. Par lui elles continuaient de
s'aimer, malgré les apparences et l'avis général des médecins
qui soutenaient qu'une haine profonde était à l'origine de
l'autisme de Zahia. Elles logeaient à leur manière dans ce
rapport sublime et complexe d'une mère à sa fille. Un lien qui,
par-delà les sillages de la maladie, maintenait non seulement
un amour inné mais une fusion très forte, difficile à vivre

quelquefois. Il m'est souvent terrible de constater encore aujourd'hui, chaque fois que ma mémoire déroule leur existence, avec quelle obscène et perverse précision la souffrance euphorise la beauté. Il émanait en effet de Bahia une beauté arrogante et pure. Une beauté sourde et violente derrière laquelle je percevais celle, que je voulais imaginer intacte, de Zahia. Une beauté digne, dépourvue de signes d'abandon ou d'abnégation. Elles avaient, et la mère et la fille, dans l'exil des mots et de la parole, continué de dire non. De signifier à cette société qui les avait broyées combien leurs liens étaient plus puissants que ceux de l'injustice que leur avait réservée le sort. Elles savaient que leur destin avait pris cette direction à cause d'un mauvais caprice du hasard. Rien ne les prédestinait à un tel désastre. Rien.

La maladie de Zahia remontait, du moins le pensaient-elles, à une amitié qui avait mal tourné entre Zahia, encore enfant, et Allal. « Allal le fou. Allal le dépravé. Allal le maudit. Allal le violeur.» Or Allal, lorsqu'il avait entraîné Zahia, alors âgée de treize ans, dans un rapport sexuel, n'avait en fait pour seul crime que sa sensualité d'adolescent altérée par une terrible cécité.

Allal était d'abord et avant tout un gentil garçon qu'une myopie totale avait définitivement exclu de la lumière. Les gens, dans le quartier des ferronniers où il vivait, avaient pris l'habitude de le voir glisser à travers les ruelles longues et étroites de la médina. Il avait la grâce et l'agilité d'un chat de gouttière mais aussi sa profonde désolation. Son corps, maigre et allongé, était toujours couvert d'une djellaba grise. Sa silhouette se doublait de celle, fine, de sa canne. Une canne ordinaire en bois qui fatalement l'annonçait lui, avec ses yeux tantôt révulsés, tantôt clignant, comme pour fixer une âme, désormais perturbée par l'omniprésence du noir. Sa pupille se baladait dans l'espace blanc de cet œil devenu inutile à la recherche d'une cible intérieure dont on ne percevait que le mouvement. Un peu comme un rêve ouvert sur l'autre face de nous-même et qui cependant constitue le seul lien qui nous rattache à la vie. Sa bouche, toujours légèrement entrouverte, le rendait, étrangement, plus inaccessible. La cécité l'avait brusquement assigné au noir. À la fin éternelle du jour et du soleil. Elle l'obligeait à son insu à admettre que la vie pouvait être possible même sans le recours à la lumière et il savait que la sienne dépendait dorénavant d'une canne.

Triste canne, responsable à son tour et malgré elle d'un tel défi du destin. Ce qui lui restait de souvenirs visuels œuvrait sur sa mémoire avec la force de l'injustice dont l'équivalence dans l'univers de la cécité ne se mesurait qu'à la haine vouée tôt ou tard par tout aveugle, selon les voyants du moins, au monde dont il est exclu. La différence qui le définissait à présent enveloppait toute son existence d'une solitude violemment exacerbée par le sentiment d'exil où le jetait cette terrible réalité. Les gens eux-mêmes avaient cessé de le voir. Seul le bruit de sa canne en bois lisse et dur, parmi ceux nombreux et stridents du quartier des ferronniers, lui conférait encore un droit strictement sonore à la vie, bien que d'une sonorité sourde et opaque. Il ne parlait à personne et personne ne lui parlait. Zahia, qui vivait dans le même quartier que lui, avait pris la terrifiante habitude, comme tout le monde d'ailleurs, d'entendre sa canne sans jamais le voir ni se préoccuper de lui. La famille Ziyati, des voisins de Lalla Tata, qui vivait encore dans ce quartier à l'époque, lui avait cédé le fond d'un couloir qui séparait leur *riad* traditionnel de la rue. Allal avait enfilé ce long couloir avec la pleine conscience d'une cécité survenue à l'âge de quinze ans. Il l'avait enfilé comme on enfile les vêtements solennels du deuil, au lendemain de la mort. Avec les mêmes gestes, sacrés et ritualisés. Avec la même soumission à un destin qu'il n'avait ni choisi ni mérité. Il enfila ce couloir en même temps qu'un silence absolu et définitif. Il s'était tu. Les mots avaient peu à peu perdu cette texture douce et cotonneuse leur permettant de s'insinuer dans le monde et dans la vie des êtres. Or il avait lui, Allal, besoin de voir le monde pour le nommer. Toutes les portes, du visible et de l'invisible, s'étaient refermées un matin devant un bol de soupe d'orge à l'huile d'olive. La vue l'avait progressivement quitté, au cœur même de son quotidien. Elle l'avait quitté avec la lente et impassible évidence du temps qui passe. Elle avait achevé de s'écouler en lui comme le temps avait achevé de s'écouler dans les neuf coups de la pendule. Il les entendit et constata combien leur violence rendait le temps lisible mais triomphalement inatteignable. Neuf heures. Neuf coups. Comme pour marquer à vie son entrée dans l'effroi de la cécité. Le monde devenait soudain insaisissable. Les neuf coups d'une vieille pendule bancale avaient fermé à jamais les lourdes portes du sens et de la vie. Ferronnier fils de ferronnier, Allal sut qu'il ne martèlerait plus aucune feuille de métal ni ne plongerait plus aucune fouine dans le feu brûlant de la vie. La cécité s'était abattue sur lui en même temps que la conscience imminente de la misère qui en résulterait. Il dut quitter la petite chambre où il habitait depuis la mort de ses parents, chez un vieux ferronnier ami de son père, contre quelques petits services rendus au travail. Ses immenses yeux noirs, qui étaient le signe avant-coureur d'un glaucome, s'étaient éteints pour toujours.

Chaque fois qu'il rentrait dans ce qu'il avait pris l'habitude de penser comme son *chez-lui*, au fond de cet interminable couloir, il passait devant la maison de Zahia. Elle était souvent là.

Assise sous le portique. Allal feignait de ne pas sentir sa
présence. La présence de cette enfant, qu'il savait être celle de
Bahia et qu'il avait vue grandir mais qui, comme tout le
monde maintenant, ne lui adressait plus la parole. Il sentait un
profond attrait pour cette enfant, toujours assise seule et sans
la moindre agressivité à son égard. Néanmoins il savait, il
ignore quand et comment, que Zahia avait très tôt quitté
l'école parce que tout le monde la traitait de bâtarde. Elle
n'avait pas de père mais la véritable histoire il ne la connaissait
pas. Il ignorait en effet les troubles psychiques qui l'agitaient
depuis l'âge de neuf ans. Il passait son chemin avec le goût
amer d'une immense impuissance.

Un matelas de mousse très fine, un petit coussin et un
vieux sac de voyage, où il disposait quelques vêtements élimés
et propres, constituaient son seul mobilier. Brahim Ziyati, ami
de son père et maître de la corporation des ferronniers, lui
offrait, certes, assez régulièrement ses repas mais ne le nourrissait pas vraiment. Quant à ses besoins et à sa toilette, Allal
se rendait, à quelques mètres de chez lui, dans la salle d'eau de
la mosquée Ibn Youssef. Pour ses bains, deux fois par
semaine, le mardi et le vendredi, il jouissait d'une sorte de
largesse collective de la part de tous les riverains. En effet, un
accord tacite avait été conclu par les ferronniers qui payaient
pour lui à tour de rôle. Ils semblaient ainsi s'acquitter d'une

dette envers son défunt père qui, pendant des années, avait été leur ami et compagnon. Il entrait au hammam du quartier sans payer ni saluer personne. Du moins s'en abstenait-il de peur d'incommoder qui que ce soit. Il se lavait. Ne disait toujours rien et ressortait aussi discrètement qu'il était entré. Tout le monde préférait ces petits gestes lâches à une aide franche. Allal, ils le vivaient tous comme ça, faisait partie d'eux-mêmes et de leur vie. Et aucun n'ignorait que ce destin aurait pu choisir n'importe lequel d'entre eux. C'est pourquoi ils maintenaient cette distance sourde entre eux et *l'aveugle*. Non que cela apaisât leur conscience, loin de là, mais ils refusaient de se reconnaître dans cet être « maudit » dont la mère était décédée quelque trois années seulement après la mort de son mari, prenant bien soin toutefois de le recommander à la corporation des ferronniers. La culpabilité était donc bel et bien là.

Le cheminement de ma pensée me parut clair et limpide. J'étais également préoccupée par l'angoisse que j'éprouvais à donner ce cours sur mon premier chant de Maldoror. Étrange configuration mentale que la mienne ! Lautréamont. Le sanctuaire d'Ibn al-Arif. L'hôpital. Zahia. Je m'enfonçai presque sciemment dans les secrets vibrants de son destin, qui m'appartenait intimement. J'enfilai son nom comme on enfile un vieil habit. Chargé de la mémoire de notre corps. De notre odeur. De nos rêves. Nos illusions. Il m'aidait à supporter la perspective des étudiants dont la matière me paraissait factice tant elle était éloignée de la mienne. Le créateur de Lautréamont lui-même les laissait indifférents. Je songeai, pour la première fois, que je n'étais guère faite pour l'enseignement. Mais heureusement Zahia occupait amplement mon esprit.

Son histoire avec Allal. Avec la maladie. Avec la folie. Son innocence lorsque à l'âge de onze ans il lui vint un jour l'idée de défier les portes de l'enfer qui s'étaient si injustement, imaginait-elle sans doute dans sa tête d'enfant, refermées sur Allal. Elle avait remarqué sa solitude et ne comprenait pas pourquoi Bahia, sa mère, lui disait souvent de ne jamais parler à *l'aveugle*. Puis froidement ajoutait l'implacable sentence : « Tu mériterais ce même destin pour m'avoir gâché toute ma vie. » Jusqu'au jour où le sentiment souterrain de l'injustice lui dicta de regarder par-delà les yeux morts de Allal et où elle décida de le rejoindre dans ce couloir, au fond de la rue al-Anboub. Elle se souvenait avec des yeux d'enfant. Un long couloir, devait-elle répéter longtemps après. Une longue nuit. Elle s'y était faufilée à plusieurs reprises. Elle entrait et avançait doucement. Comme s'il ne fallait pas éveiller ses soupçons. Elle l'observait silencieusement. Tapi comme une bête. Les yeux totalement opaques et gris. Clignant à l'infini. Il sentait sa présence mais ne disait rien. De peur de l'effrayer. De peur qu'elle ne s'en aille. De peur, sans doute, qu'elle ne revienne plus jamais. Leurs souffles emplissaient le corridor où l'air était rare. « Il était là. Dans le fond », devait-elle répéter si souvent avant de sombrer dans un mutisme absolu. Il était là, blotti dans le creux du monde. Allal était là. Assis en tailleur. Immobile. À quoi pensait-il ? Pensait-il seulement ? Elle devinait ses yeux plus qu'elle ne les voyait. La pénombre enveloppait son corps d'enfant à peine pubère. Elle était comme happée par ce visage triste et pourtant tellement attirant qu'elle ne parvenait pas, qu'elle ne parvenait plus à s'en détacher. Comme si l'horreur froide et calme qui émanait de ce visage neutralisé par la souffrance l'empêchait de jamais lâcher ce regard révulsé. Sans doute, bien que confusément et intuitivement, ce regard dont elle avait tout de même peur la contraignait déjà à s'interroger sur l'origine et le devenir du monde et des choses. Mais tout cela s'opérait sans mot. Sans conscience autre que celle de l'instinct vierge et intact de l'enfance. Sa présence dans ce lieu. Son incapacité à le définir. À définir cet être. Allal. Allal que tout le monde connaissait. Que tout le monde s'obstinait à appeler *l'aveugle*. Tout cela vrillait ses yeux, d'enfant déjà très perturbée psychologique-ment, et constituait la première vraie fracture dans sa vie. Or Allal, qui n'avait rien demandé ni provoqué, ne pouvait s'empêcher de considérer l'arrivée de Zahia dans son destin comme un véritable signe d'espoir. Il n'ignora pas une seconde combien cette imposture était dangereuse tant pour lui que pour Zahia. Mais son cœur battait. Du sang coulait dans ses veines. Des scènes défilaient encore dans sa mémoire de voyant. Et cela, cela il ne pouvait le mettre sur la balance sans que celle-ci, infailliblement, basculât du côté de la vie et donc du désir. Il pensa même qu'il ne serait pas indigne de demander l'aumône pour acheter peut-être des chocolats, peut-être des bonbons, il n'en savait trop rien, en tout cas un élan d'affection réel le submergeait. En deux années de non-voyance il ne s'était jamais résolu à faire la manche. Mais il était prêt à mendier aujourd'hui. Non qu'il voulût attirer cette petite fille plus que ne le faisait sa cécité et le sentiment d'injustice qu'elle éprouvait à son égard, mais parce que, réellement, il le savait, cela lui ferait immensément plaisir. Il ne se sentait pas le droit à la parole. Cet ultime pont dont jouissaient tous les humains et dont il était exclu. Mais offrir un bonbon à un enfant, de cela il avait vraiment envie. Il se souvint de l'existence de la Fondation pieuse des mendiants aveugles de Sidi-bel-Abbès et se promit de s'y inscrire afin de bénéficier, lui aussi, de la bourse de l'Abbassiyya, allouée aux non-voyants.

La chaleur continuait d'alourdir l'atmosphère. Une chaleur tellement épaisse que le temps ne parvenait plus à la percer afin de poursuivre son écoulement. Le temps se maintenait en suspens et toute la ville ployait sous les heures qui passaient sans que leur mouvement allégeât l'atmosphère. Les heures avançaient dans l'espace impuissant sans se soucier de rien ni de personne. L'air se raréfiait et l'arrogance absurde du soleil, son mépris et ses allures condescendantes s'abattaient sur les passants incapables d'agir et dont les corps flasques et amorphes subissaient l'humiliation dans le silence et la soumission. Je pensai soudain combien il était saugrenu d'avoir à parler du créateur de Lautréamont à des êtres inextricablement liés à l'action de la chaleur.

Bahia supportait mal l'intérêt que je portais à sa fille « définitivement perdue ». Chacun de mes regards lui semblait chargé de sa culpabilité à l'égard de Zahia. Elle l'avait en effet, durant toute sa petite enfance, accusée d'être la cause de sa perte. Zahia était le fruit d'une relation « illégitime » et sa mère avait en vain essayé de provoquer une fausse couche. À sa naissance elle tenta d'abord de l'abandonner à Lalla Tata, sa mère, qui refusa et la contraignit à « assumer son destin et son sort ». Tout cela compliqua davantage leurs relations et voua Zahia à un vide affectif dont les premiers signes furent ceux d'un bégaiement très important. Puis enfin des crises d'angoisse et une très forte dyslexie à l'école. Puis enfin des crises de haut mal d'origine, supposaient les médecins, hystérique. En se dirigeant, à l'insu de sa mère, vers cet autre solitaire, Allal, dont elle pressentait le manque d'affection, elle acheva de détruire une structure mentale déjà très fragile.

IX

JE N'AVAIS AUCUNEMENT l'intention de mentir à Bahia. J'étais
décidée, cette part de moi-même qui avait connu Zahia avait
décidé, que je le veuille ou non, de retourner la voir. Je n'étais
à Marrakech que depuis quelques mois et je me sentais inves-
tie du pouvoir, encore ambigu, non de changer le cours de la
vie de Zahia mais de la soulager en l'aidant à percevoir,
au-delà de toute folie, que l'acte de Allal était humain et non
agressif.

C'est en effet un amour incontrôlable et inespéré qui l'avait
contraint à diriger la main de cette jeune fille sur son sexe en
érection. Elle avait alors perdu connaissance et Allal, envoûté
par le vertige de ses sens, l'avait pénétrée à son insu. Zahia
avait en effet pris l'habitude de rejoindre Allal dans la nuit
sans fin de ce couloir qui semblait se terminer seulement
parce que les yeux gris révulsés de Allal s'interposaient un
moment entre elle, de ce côté-ci du couloir, et ce qui paraissait être à ses yeux d'enfant la matrice même de toutes les

nuits. Elle avait pris l'habitude de pénétrer dans l'obscurité et de venir sans plus aucune peur s'asseoir aux côtés de Allal qui lui offrait tantôt un bonbon tantôt un chewing-gum, achetés avec l'argent de l'aumône qu'il demandait maintenant régulière-ment. Cet acte était, dans sa tête, exclusivement lié à cette petite trouée dans sa vie que signifiaient les visites de Zahia. Ces incursions, lui semblait-il, avaient l'intensité et la brillance d'un trou de lumière dans le ciel haut, noir et fortement étoilé de Marrakech dont il se souvenait par-delà sa cécité. À l'âge de douze ans encore il montait sur la terrasse de la maison de son oncle, rue Zahri, qui plongeait sur la place Jemaa-el-Fna. Il contemplait le jour les passées de nuages et la nuit le mouvement fascinant des étoiles. Une multitude de toits se succédaient horizontalement et se condensaient en ce point ultime, bizarrement nommé de fuite, où la matière concrète de la procession de toits au-dessus de la ville se figeait au moment précis où elle rencontrait cette autre matière non moins concrète du ciel qui, dans un moment d'exaltante et céleste générosité, tendrement se penchait sur les sommets des maisons discrètement visités par des anges nombreux et invisibles.

Allal avait mis près de six mois avant de se résoudre à parler à cette enfant qui, avec la violence d'un véritable ressac, l'obligeait à revenir sur les rives sablonneuses de la vie. Sa

petite voix, bégayante et frêle, grondait pourtant avec la force
d'une mer houleuse et déchaînée sur le seuil irréductible de la
vie et de la mort. Durant ces deux années, l'innocence de
Zahia ramena de manière inespérée Allal à la vie. Des liens
d'une indescriptible complicité s'étaient tissés entre eux. Allal
avait retrouvé le douloureux chemin de la parole. Toute sa
passion pour la ferronnerie – subitement interrompue par la
cécité – avait mué en une exaltante texture de mots et d'émotions, qui servait de réceptacle à cette amitié de l'ombre dont
les parois, lisses et fragiles, se confondaient avec celles de ce
couloir aux murs simplement chaulés. Jamais personne ne se
douta de ces rencontres quasi quotidiennes et qui se dérou-
laient dans la plus grande des discrétions. Non qu'ils se
sentaient en faute, loin de là, mais l'attitude totalement hostile
des gens du quartier à l'égard de Allal les empêcha de jamais
dévoiler leur relation. Nul doute que tout le monde, y compris Bahia la mère de Zahia, eût considéré comme mons-
trueusement anormal ce rapport inhabituel et extraordinaire
pour plus d'une raison. L'angoisse qui les unissait agissait, à
leur insu et je ne sais par quel étrange hasard, en leur faveur.
Comme si, consciente de leur fragilité, elle s'était chargée du
processus d'intelligence entre ces deux êtres que le destin,
alors innommable, devait souder pour toujours. Zahia était
heureuse avec Allal. Elle ne parlait que très peu. Elle écoutait

ses discours infinis sur les qualités réelles ou imaginaires du fer sans jamais se lasser. Et lorsque quelquefois elle traversait la rue des ferronniers dans le brouhaha des marteaux et des enclumes, elle mesurait la terrible douleur de Allal et se réjouissait de cette complicité qu'elle était seule au monde à partager avec lui. Il lui arrivait même de chaparder à sa mère un morceau de viande, un fruit, un gâteau, qu'elle lui portait. Sa vie lui était inextricablement liée.

Or tout bascula avec la même force et dans la même confiance. C'était le plein été. La chaleur était palpable. Épaisse. Zahia, qui avait alors treize ans, se rendit chez Allal aux alentours de 5 heures. Elle s'assit comme d'habitude à ses côtés et comme d'habitude ne lui offrit en réalité que sa présence, douce et entrecoupée de quelques rares mots sur des gens qu'elle avait rencontrés. Sur la rue. Sur sa mère et sur tous les ragots que son jeune âge l'autorisait à percevoir. Et lorsque Allal lui prit la main, elle ne s'en inquiéta pas. Il l'entraîna délicatement par la fente de sa djellaba et les yeux toujours rivés au plafond, la bouche ouverte et abondamment humide, il la posa sur son sexe en érection. N'y tenant plus, il se redressa, posa sa main lourde et moite sur la bouche de Zahia et de l'autre la culbuta. Et ce fut dans un râle, chargé de la tension d'un désir interdit, qu'il la pénétra avec toute la violence du retour à la vie. Zahia était évanouie et Allal effrayé avait, croyant bien faire, frappé à la porte des Ziyati afin de leur expliquer et de demander de l'aide. Mais leur seul réflexe, dont il était loin de se douter, fut d'appeler la police et de le chasser définitivement de chez eux. Dans la voiture qui le menait à la prison, il continua de hurler son innocence : « Je l'aime ! » criait-il, conscient de vivre alors la fin de sa vie. On n'entendit plus jamais parler de lui.

X

UNE FOIS SORTIES du sanctuaire de Ibn al-Arif, je suivis machinalement Lalla Tata. Arrivées au niveau de la fontaine des Mouassine, nous tournâmes à droite et de là rejoignîmes Derb Tizouggarine où habitait la tante de ma mère, Lalti Taja.

Lalla Tata avait sa clé. Elle l'enfila le plus naturellement du monde. L'immense porte en bois clouté tourna sur ses gonds, m'offrant simultanément l'espace solennel de la grande architecture islamique et celui de mon enfance. Je songeai un instant avec quelle magie la civilisation arabe avait su capturer le ciel et l'attirer – dans la danse sacrale des zelliges, du marbre des colonnes, des boiseries sculptées – jusque dans le frétillement à peine audible de la fontaine, jaillie de la terre au milieu du patio. J'avais oublié combien l'arrivée dans ces maisons traditionnelles imposait le silence. Nous étions littéralement coupées du monde et enfin ramenées à une intériorité qui nous forçait à plus de responsabilité. Plus de respect de soi et des autres. Il était presque impossible d'être bavard dans ces lieux. Et naturellement, le plus naturellement du monde, il nous vient à l'esprit de n'agir et de ne parler qu'au nom de Dieu. Comme si Sa présence devenait soudain plus sensible. Nous nous dirigeâmes vers l'une des pièces rectangulaires qui enserrent le patio. Et là enfin j'entendis Lalla Tata dire : « Lalla, viens voir qui est là ! » Et je me souviens que c'est ainsi qu'elle appelait également Lalti Taja. Rien n'avait changé, ni l'architecture ni l'ameublement ni même la manière de parler. À croire que l'âge n'habitait que dans la voix et les gestes et laissait indemne le cours du temps.

Elle sortit enfin. Je vis le rideau de dentelle brodée de la *qobba* se soulever lentement et libérer l'obscurité de la pièce. Puis elle parut sur le seuil. Elle que je n'avais plus vue depuis tellement longtemps. Elle était là de sa pure présence. Présence si intense et si intensément nommée la *hiba* en arabe, la crainte révérencielle. Cette peur si noblement mystérieuse qu'elle immobilise les bonnes énergies comme les mauvaises. Elle était là. Elle si petite. Si frêle et pourtant si imposante. Comme à son habitude elle se figea sur le seuil de la *qobba* en me toisant d'un regard profondément chargé de toute la mémoire de ma famille et me sourit. Elle me sourit et ce simple mouvement, anodin, me sembla aussi juste que le plus précis des *Isnad*. Elle me reconnut et son sourire fut la reconnaissance la plus éloquente de mon identité. Je lui

appartenais. J'appartenais à sa race. À ses racines. À son sang.
Expression puissamment archaïque qui dévoilait le plus pri-
maire de mon être. J'étais nue face à elle. Immobilisée par sa *hiba*.
Elle n'avança pas. Et cela aussi je le savais. Ce n'était jamais elle
qui saluait les autres, petits ou grands. Proches ou lointains.
C'étaient les autres. Tous les autres qui, allant à sa rencontre, se
prosternaient devant elle. Je m'avançai, absente à moi-même.
Son bras esquissa un geste lent et gracieux et se continua en un
simple toucher. Un toucher grave et si chaleureux que je le perçus comme un sceau. Nous jouissions à ce moment précis d'une
intime proximité. J'étais un peu elle et elle était un peu moi.

« Comment vas-tu Lalti Taja ? »

De sa voix rauque et étrangement sensuelle, elle me répondit :

« Disons que je négocie relativement bien mon temps.
À mon âge il n'y a que deux choses que l'on sache bien faire :
écouter son corps et prier Dieu. »

Puis après un long silence où ses yeux, pourtant dirigés
vers le sol, semblaient scruter l'état fragile de mes émotions,
elle me dit :

« Entre ma fille. J'étais justement à la *zaouïa* de Sid al Conti
la semaine dernière. La tombe de ton père est bien entrete-
nue. La gardienne est maintenant bien vieille. C'est sa fille qui
s'occupe du cimetière. Elle est aussi dévouée que sa mère. »

Elle s'assit et discrètement tapota du bout des doigts le divan de velours jaune que j'ai toujours vu, enfant, lorsque nous venions parfois passer les vacances d'avril à Marrakech, et qui n'avait pas changé. À croire que les meubles et les étoffes faisaient partie des compagnons fidèles de cette vieillesse, finalement bien assumée malgré des souvenirs plutôt tragiques. Tout dans cette maison, où je ne venais pourtant pas souvent, connaissait mon odeur. J'étais moi-même un élément de la toile où le temps avait secrètement élu domicile. Une particule parmi tant d'autres. Une matière subtile, faite de poussière et de mots. Je m'assis à mon tour. Je ne dis rien. Je ne pouvais rien dire. Toute ma volonté s'était concentrée sur un besoin irrésistible de l'embrasser. De la serrer dans mes bras. De me blottir contre ce petit corps si triomphalement fier ! Mais je n'en fis rien. Cela était simplement impensable. Son corps lui appartenait et jamais personne n'avait eu le privilège d'en disposer. Mes yeux d'enfant se souvinrent de sa voix, déjà très grave pour une femme, disant à tout le monde :

« Tiens-toi droit. Lève ta tête. Ne parle pas fort... »

Cela me terrorisait et me dépossédait de toute identité propre. Car derrière ses ordres se profilait toujours une autre phrase, de ma mère cette fois-ci :

« Tiens-toi droite, tu as l'air d'une misérable ! »

Beaucoup de phrases avaient ainsi charpenté mon éducation et ma sensibilité. Regardant aujourd'hui ma grand-tante,
je comprenais à quel point cela m'habitait encore. Ces phrases
avaient coulé en moi comme en une terre fertile mais pares-
seuse qui de nombreuses années plus tard offrait tout de
même un fruit, si conforme à sa semence ! L'une de mes
racines se dressait là devant moi, auguste et naturelle. Elle
désignait mon origine avec la force d'un banian qui, comme
pour pérenniser sa progéniture, replonge toutes ses branches
dans la terre. J'étais issue de cela même que je voyais devant
moi et qui m'impressionnait tant. Non plus du délicieux
mystère d'une nuit du mois de mai, mais bel et bien de la
présence éternelle de Lalti Taja, la sœur de Bradia.

Assise, ou plutôt recroquevillée sur le divan, et tenant un
chapelet à la main, je reconnus Dada Johra, son esclave, qui
avait choisi de continuer à vivre avec sa jeune maîtresse, bien
qu'affranchie. Elle trônait comme une relique n'ayant plus
qu'un rapport lointain avec la réalité. Je me levai et l'embrassai tendrement mais elle réagit à peine. Elle n'avait pas loin de
cent ans et n'avait aucun souvenir de rien ni de personne. Elle
faisait sa prière dans cette position et ne mangeait plus que du
pain d'orge trempé dans du bouillon. Dada Johra était littéralement, dans mes lointains souvenirs, mêlée au *bit al-qoss*, ces
sombres cuisines rythmées d'une multitude de fourneaux et

lieux de l'extrême fascination des odeurs de ma toute première enfance. C'est là, précisément là que, me racontait-on souvent, une nuit, eurent lieu les noces d'un génie féminin qui adorait le feu. Le conte tendrement raconté par ma mère et par Dada M'Barka m'avait à ce point hantée que mon imagination, cédant alors au pouvoir de la suggestion occulte, avait fini par embraser tous les kanouns. Des flammes rouges avaient alors illuminé les murs que je croyais noirs et qui, je le sus longtemps après, étaient recouverts d'une fine mosaïque de zelliges de Fès.

« Elle ne se souvient plus de rien la pauvre. Elle n'a plus de force, me dit Lalti Taja résignée.

– Eh oui, Dada Johra, qui aurait imaginé la voir comme ça ? Nous avions si peur d'elle ! » Et me rasseyant je lui annonçai, presque par timidité et pour passer à autre chose, ma décision de m'installer définitivement à Marrakech.

« Tu as bien raison. Voilà bientôt soixante ans que j'y habite, je n'ai jamais eu à le regretter. »

Lalti Taja avait en effet suivi son mari, originaire de Marrakech. Elle l'avait beaucoup aimé mais n'avait eu qu'un fils de lui qui était mort en même temps que son père dans un accident de voiture sur la route de Meknès. Il lui avait laissé une fortune considérable qui lui permit de vivre sans grande angoisse mais elle avait toujours refusé de refaire sa vie. Tout le monde lui avait conseillé d'adopter un enfant mais elle refusait l'idée que qui que ce soit puisse lui faire oublier son drame. C'est pourquoi elle avait préféré à cela la compagnie de Dada Johra et beaucoup plus tard celle de Lalla Tata, tout de suite après la mort de Bradia.

Lalla Tata s'était installée à Derb-al-Anboub à son arrivée à Marrakech, là même où vivait encore aujourd'hui Bahia. Lalti Taja n'avait rien du tempérament fantasque de sa sœur. Bien qu'admirative, comme tout le monde, de Bradia, elle n'avait jamais apprécié son goût pathétique pour l'alcool qui devait d'ailleurs lui coûter la vie. Elle avait été profondément influencée par sa grand-mère maternelle, une femme très pieuse dont la générosité à l'égard de la confrérie Qadiriya de Meknès était légendaire. Elle avait grandi en observant la sérénité de cette femme et avait choisi de suivre le même chemin qu'elle plutôt que celui, totalement libéral, de sa mère et de sa sœur. Aussi son arrivée dans une famille très religieuse de Marrakech acheva-t-elle de confirmer son choix. Les rapports avaient certes été difficiles entre les deux familles mais sans jamais altérer la tendresse qui liait Lalti Taja à Bradia. Lorsque celle-ci mourut, très jeune, elle prit l'habitude de dire : « Lalla Khiti, car c'est ainsi qu'elle l'appelait, était bien trop bonne et trop libre pour appartenir indéfiniment à ce monde. Dieu l'a éprouvée de son vivant et l'a rappelée à ses côtés. » Tout rentrait ainsi dans l'ordre et jamais personne n'osa, même du bout des lèvres, la considérer comme une égarée de Dieu.

« Je suis si fatiguée maintenant, ajouta-t-elle. Tant mieux si tu t'installes ici. Je te verrai plus souvent. Tu enseignes ? m'a-t-on dit. C'est bien. »

Mon regard plongeait dans celui de Lalti Taja avec toute la conscience du poids de ce qu'elle représentait à mes yeux. J'étais très excitée à l'idée de savoir que mes seuls liens familiaux me permettaient de puiser dans cette mémoire vivante avec la même juvénile arrogance qu'éprouve tout passionné à dévoiler l'objet de son désir. Elle était un peu mon livre sacré. Une sorte de bibliothèque intime strictement réservée à ce qu'elle avait coutume d'appeler « *notre famille* ». Le plus étrange est qu'elle communiquait sa propre interprétation du monde et des choses avec une mystérieuse efficacité. J'adhérai, moi aussi, et sans le moindre complexe, à cette pensée si fortement réactionnaire du « *notre famille* ». La fascination a ceci d'extraordinaire qu'elle ne s'embarrasse d'aucun interdit. Aucun jugement de valeur. Et plus je la regardais et l'écoutais plus il me semblait qu'elle était un peu plus qu'humaine.

Elle était si différente des autres femmes de ce milieu qui, dans chacun de leurs mouvements, dans leur manière très

particulière d'articuler les mots et les phrases, et surtout, à
travers une intonation, célébraient ce qu'elles avaient coutume d'appeler « l'a-riss-to-cra-ssie » marocaine. Ce mot,
puissant dans leur bouche, exactement conforme à la ségréga-
tion de classe à laquelle il renvoyait, occupait tout leur palais
et – au milieu des remparts de la mâchoire – marquait toute
l'étendue de la différence entre elles, prononçant « l'a-riss-
to-cra-ssie » et les autres. Tous les autres, supposés incapables
de mesurer le raffinement hiérarchique que ce mot signifiait.
Il installait d'emblée toute la distance qui distingue du commun des mortels et dont les soubassements et les fondations
n'étaient autres que l'histoire elle-même.

L'inaccessibilité de Lalti Taja alimentait le foisonnement de
mon imaginaire. J'éprouvais un réel plaisir à peupler l'étendue
infinie qui me séparait d'elle par une multitude de petits faits
plus ou moins vrais concernant ma famille. Une étendue où
trônait, infaillible, le récit, inespéré et inoubliable, sur sa sœur
Bradia, qui avait nourri toute mon enfance.

Je la scrutai discrètement et l'idée qu'elle me parlerait peut-
être de ce Maroc des années quarante m'exaltait au plus haut
point. Cependant je n'osais pas encore lui avouer le fond de
ma pensée. Je n'osais pas encore lui dire que l'objet réel de ma
visite était qu'elle intervienne auprès de Bahia pour qu'elle

consente à retirer Zahia de l'hôpital. Mes démarches et celles
de Lalla Tata étaient demeurées vaines. Nous concoctions,
sans encore nous l'avouer vraiment, d'essayer les moyens
traditionnels pour soulager les malades mentaux. Lalti Taja
n'ignorait rien du destin de la petite-fille de Tata. Cependant
elle avait toujours refusé de se mêler de cette histoire : son
respect des lois ne la laissait tout de même pas oublier que
Zahia, enfant illégitime, était une *bâtarde*. À la naissance de
Zahia elle avait froidement recommandé à Bahia et à Tata de
confier le bébé à l'orphelinat. Elle leur avait même promis
d'intercéder auprès de la directrice afin que le bébé bénéficiât
d'un traitement de faveur. Bahia avait accepté mais Lalla
Tata avait crié au scandale et, en vraie femme du peuple, avait
tenu à intégrer Zahia à la famille. Et maintenant, chaque fois
qu'il était question de ce problème, Lalti Taja soupirait profondément et disait : « Si vous m'aviez écoutée vous n'en
seriez pas là aujourd'hui ! » Cela, Bahia le pensait réellement
et ne s'était jamais gênée pour le signifier à sa fille, ne se
doutant pas que là était probablement aussi la cause de son
autisme.

Il était près de 2 heures de l'après-midi lorsque nous passâ-
mes à table. À ma grande surprise nous eûmes droit à un
tajine aux olives de saison, du *messlalla*. J'adorais ce plat pour
son amertume. Accompagné de plusieurs petites entrées dont

un hachis de mauve, ce déjeuner, simple pourtant, me rendit encore une fois fière de la tradition culinaire du Maroc. Je constatai avec quelle élégance les milieux traditionnels avaient intégré les domestiques ! Car s'il était totalement habituel que les esclaves mangent à la table de leur maîtresse, il n'en était pas de même pour les bonnes ou *douwarates*. Lalla Tata était réellement chez elle dans cette maison et possédait bel et bien sa chambre, spacieuse et autonome. Elle faisait aujourd'hui complètement partie de la famille. Aussi, si elle ne travaillait plus eu égard à son âge, était-elle totalement habilitée à intervenir dans toute chose se rapportant à la maison et notamment dans la qualité du service des jeunes et nouvelles-bonnes qui enquiquinaient tout le monde à cause de leur inaptitude à comprendre ces dames d'un autre temps. Lalti Taja sourit et nous dit au sujet de l'une d'entre elles :

« Si Lalla Khiti Bradia était encore de ce monde elle les aurait toutes enivrées avant de les jeter à la rue. Elles le méritent amplement d'ailleurs. Enfin, que Dieu ait son âme ! comme le fameux jour du poulet *madfoun* », reprit Lalla Tata.

Comprenant l'impossibilité dans laquelle je me trouvais à déchiffrer leur allusion, Lalla Tata profita de ce que Lalti Taja, qui ne différait jamais sa prière, devait se retirer pour accomplir ses ablutions et me promit de tout me raconter sur ce qu'elles avaient pris l'habitude d'appeler «la nuit du poulet *madfoun* ».

L'atmosphère de cette maison traditionnelle se confondait avec l'immense affection que je portais à Lalti Taja. Pourtant rien ne pouvait laisser prédire cela. J'avais passé des années à Paris, non seulement sans lui téléphoner, mais sans même me soucier de son existence. Jamais elle ne me le reprocha. Je compris combien la sagesse des personnes âgées était puissante. Quelque chose d'éternellement indélébile caractérisait leur rapport à la famille et il ne lui serait jamais venu à l'idée de me demander des comptes sur mon absence. Le temps nous avait l'une et l'autre inscrites sur un de ses registres, et plus rien au monde ne pouvait nous en effacer. Elle me parla longuement de la douleur occasionnée par la perte de son mari et de son fils unique. Mais sans jamais se plaindre de son sort. Sa foi profonde l'aidait à admettre et à surmonter une souffrance qu'elle portait comme un stigmate. Son visage, ravagé par les rides, arborait un regard glorieux, bien que marqué par la tristesse. Admirant cette magnifique maison, je songeai combien je serais contente de loger là plutôt que dans le petit pavillon d'une immense propriété de la palmeraie. Je m'abstins pourtant de dévoiler mon désir malgré la joie que cette décision, j'en étais certaine, ne manquerait pas de provoquer chez tout le monde.

J'avais besoin d'un peu plus de réflexion. Aussi, lorsque j'émis le désir de m'en aller, entendis-je Lalti Taja me dire.

« Il serait bien ridicule par les temps qui courent de te demander de venir t'installer ici. Mais sache que tu as une seconde mère à Marrakech. »

J'eus envie d'accepter tout de suite mais je me retins. Mon travail d'enseignante me prenait tout de même beaucoup de temps et je m'imaginais mal sans mes longs moments de solitude.

« Merci infiniment. Je suis très émue de te revoir. Je te promets de revenir. D'ailleurs j'ignore si Lalla Tata t'en a parlé mais j'aimerais solliciter ton aide pour convaincre Bahia de retirer Zahia de l'hôpital. »

Ce discours s'échappa de moi presque à mon insu. Elle me regarda avec l'air de me reprocher de me mêler de ces histoires. Je fus totalement refroidie. Je suis sûre que l'idée de savoir que je traînais dans les hôpitaux psychiatriques ne lui plaisait pas. Mais elle ne dit rien qui allât dans ce sens. Au contraire je l'entendis me répondre, au bout de quelques secondes qui me parurent interminables :

« Tu sais probablement mieux que nous ce qui serait souhaitable pour cette pauvre petite. Tu me dis que tu es libre mercredi matin. Viens dormir avec nous le mardi soir. Bahia aussi sera là et nous réglerons ensemble ce problème. »

Je n'en revenais pas de sa discrétion et de l'élégance avec
laquelle elle avait accueilli ma demande. Je crus un instant que
le ciel s'était ouvert. Qu'il avait englouti dans sa béance infinie
les restes de mon désespoir. Zahia serait sauvée, j'en étais
sûre !

« Merci Lalti Taja ! Je savais que tu me soutiendrais ! »

Je l'embrassai tendrement ainsi que Dada Johra qui n'avait
pas bougé et me dirigeai vers la porte avec Lalla Tata dont les
yeux étaient pétillants d'espoir :

« Tu verras, Bouya Omar libérera notre petite Zahia ! Le
tout est de la sortir de l'hôpital maintenant. Mais on y arrivera. Pars et à mardi soir. »

XI

C'OMME DANS TOUTES les maisons d'architecture islamique, un puits de lumière éclairait le vestibule, toujours très long afin que ne demeurât de la rue, une fois qu'on l'a quittée, qu'un souvenir brumeux, quasi opaque. L'éloignement dotait étrangement les habitants de ces lieux du sentiment d'un certain élitisme mais paradoxalement doublé de celui d'une immense humilité. Quant à moi il m'emplissait d'une grande sérénité. Plus que cela il me rappelait mon enfance à Meknès et le doux plaisir que nous éprouvions mes sœurs et moi à improviser une balançoire en accrochant une corde aux barreaux de sécurité du puits de lumière. Nos rires fusaient et allaient se répandre sur les terrasses au mystère, encore aujourd'hui, total et infini. Cette lumière diaprée réveillait mon sens secret et depuis quelque temps timide de l'espoir. Elle constituait une sorte de pont imaginaire entre moi et ce qui, de manière de plus en plus précise, devenait mon souvenir de Zahia, plutôt qu'une réelle mémoire de la jeune fille que je n'avais pas vue depuis plus de dix ans maintenant. Le vacarme des voitures et l'impressionnante porte du palais du glaoui du quartier Dar al-Bacha m'arrachèrent à l'intimité de mes pensées. J'avais quitté Derb Tizouggarine sans m'en apercevoir. Les lourdes façades extérieures des remparts évoquèrent le poème de Georges Trakl profondément ancré en moi :

> *Puissant est dans la pierre le tacite*
> *Toujours se fait entendre*
> *Le long de noires murailles le souffle solitaire de Dieu.*

Les gens traversaient ce quartier comme ils l'auraient fait pour une passerelle séparant nonchalamment deux siècles, l'un finissant l'autre commençant. La médina, incontestablement, abritait une part non négligeable de la substance du silence. Quant à la ville moderne, elle arborait avec arrogance la quintessence du bruit.

Le son du muezzin fusa soudain dans l'espace, confirmant de son éternité mon rapport au temps et à une tradition inébranlable. Sa voix s'élevait dans le ciel, suggérant aux passants pressés de suivre son mouvement ascensionnel. Inlassablement et cinq fois par jour, Dieu proposait à cette population, anormalement animée, une occasion de se recueillir. Une occasion très douce de palper non seulement le silence des mondes, mais le sien propre. Celui d'une stricte et pourtant, si l'on s'en donne le droit, si vaste intimité. La voix continuait de répandre son souffle canalisé par la rectitude innée et auguste du minaret que je ne voyais pas. Elle s'estompa lentement et disparut dans le vrombissement du moteur du taxi qui me conduisait chez moi. Comme il est bon de se faire conduire ! pensai-je. Les rues défilaient dans ma tête, accroissant le tumulte de la rue. Lorsque je parvins au niveau de Bab el-Khemis, l'indescriptible présence du sacré dans la ville de Marrakech m'interpella de nouveau. Sur ma droite, surplombant le cimetière, la vue de lourds oiseaux blancs, accrochés en grappes aux palmiers perçant le ciel, prolongea à ma grande surprise mon sentiment d'être en dehors de la réalité. Ils pendaient aussi puissants que des fruits vierges, flattant de leur proximité cet arbre, dit sœur d'Adam en Islam. Ils veillaient de tout le poids de leur corps sur les centaines de morts, bercés par le blanc de leur plumage lisse et humble et ils m'inondaient de nouveau de cette douce lumière qui dissipait mes contours et me rendait légère à la vie. Au centre de la palmeraie où j'habitais un petit pavillon de terre, les palmiers, dressés comme des piliers dans le ciel, me semblèrent plus hauts et plus touffus que de coutume. Le taxi entama la dernière piste qui devait me mener chez moi et les chèvres et les moutons, broutant paisiblement, achevèrent de me ramener à la réalité. Je le payai en songeant qu'il était

bientôt l'heure où le petit oiseau, baptisé l'aristocrate par les
gens de Marrakech, qui logeait chez moi depuis déjà quelques
mois, devrait infailliblement intégrer la pièce de mon séjour et
infailliblement se percher sur le plafonnier pour ne le quitter
qu'au petit matin, après que je lui aurai ouvert la porte. C'est
dans ce petit pavillon de terre, conçu selon le principe de la
maison arabe avec courette intérieure que je réappris les
gestes premiers de l'homme. Sa simplicité et l'austérité de son
matériau agissaient sur moi avec la force d'un enseignement
initiatique. J'y mangeais. J'y dormais. J'y travaillais et surtout
j'y appris combien l'architecture de terre est l'amie de
l'homme. Mais jamais je n'y ai reçu qui que ce soit. Pas même
Bahia. Seul le jardinier me rendait quelquefois visite pour des
courses, pour me conter les ragots du village voisin ou pour
m'entretenir des arbres qu'il traitait avec amour et respect, à
l'image de tous les gens pieux qui n'avaient rien perdu de leur
relation intrinsèque à la nature et au cosmos. Je préparai sans
grand enthousiasme ce qui, je le décidai le jour même, devait
être mon dernier cours sur *Les Chants de Maldoror*, dînai et
m'apprêtais enfin à me coucher quand le téléphone sonna.
Bahia, consciente d'avoir injustement été distante à mon
égard, me remerciait de « l'idée généreuse » de sortir Zahia de
l'hôpital.

XII

J'AVAIS LONGUEMENT attendu ce moment. Il avait une importance capitale à mes yeux, mais, je le compris ce soir-là, beaucoup moins que pour Bahia. Si toute mon obsession se concentrait sur la nécessité urgente de libérer Zahia des griffes de l'hôpital, je n'avais aucune conscience ni ne prêtais aucune sorte d'attention aux conséquences que n'allait pas manquer de provoquer la présence d'une créature totalement aliénée et incapable d'autonomie. La tension forte qui régnait dans la *qobba* de Lalti Taja réduisait considérablement le débit de notre parole. Il était clair pour nous toutes que la difficulté résidait là essentiellement. Laquelle d'entre nous allait sciemment renoncer à sa vie afin de s'occuper de Zahia ? J'observai discrètement les traces de la souffrance, doublées maintenant de celles de la peur, sur le visage de Bahia. Elle était pâle. Sa beauté était pâle mais la vie ne l'avait pas abandonnée. Sa chevelure lisse et rousse de henné trônait sur une épaule ronde et sensuelle. Son cou, plutôt large mais joliment galbé, laissait

deviner un corps plein d'une harmonieuse maturité. Vêtue
d'un lourd cafetan de velours rouge incarnat, il se dégageait
de sa personne les règles mêmes de l'esthétique andalouse.
Ainsi donc, pensai-je, les principes du beau qui avaient
vaillamment exalté l'esprit et le cœur d'un Ibn Hazm ou d'un
Ibn Toffaïl, continuaient d'exercer un pouvoir d'une univer-
salité aujourd'hui difficilement récusable. Des siècles s'étaient
écoulés sans que le concept du beau prît la moindre ride.
L'architecture était la même. Les costumes étaient les mêmes.
Les habitudes culinaires étaient les mêmes. Et la même langue
arabe s'ingéniait à puiser les mêmes expressions pour s'étonner
des mêmes choses. Quelle autre force que celle de l'éternité, me
dis-je, pouvait assumer une telle responsabilité ? Notre assemblée me parut soudain aussi immortelle que la substance poétique de chacune des pages du *Collier de la colombe*.

Lalti Taja, plus discrète, était comme d'habitude vêtue
d'un costume classique, composé d'un cafetan de satin ivoire
voilé d'une fine *manssouria* de mousseline brune. Les tenues
n'avaient évidemment, compte tenu de la nature des événements qui nous réunissaient ce soir-là, rien de festif. Pourtant
leur élégance sobre et inchangée m'interrogeait avec une
insistance chaque fois renouvelée. Mais la plus impressionnante de toutes était Dada Johra. Son corps, tout de rides et
d'os fins que j'imaginais très blancs malgré son teint sombre,

flottait au milieu d'un cafetan blanc. La passementerie qui en définissait les contours avait en outre la couleur bleue du ciel, probablement comme la *manssouria* qui autrefois l'accompagnait et qui avait sûrement péri au cours des longues années qui l'avaient vue vivre. Ses yeux étaient si flétris qu'on les devinait plus qu'on ne les voyait. Autant je ne connaissais de Dada Johra que cette image pleine de plis et d'obscurs recoins, autant je gardais de Dada M'Barka la somptueuse et indélébile image d'une femme auguste, droite et debout, bien que décédée à l'âge de quatre-vingt-dix-huit ans.

Personne ne se douta de ma longue rêverie autour de Dada M'Barka que tout le monde avait aimée dans la famille, mais que tout le monde, pour une raison ou pour une autre, avait crainte aussi. Dada Johra, je ne l'ignorais pas, était certes plus jeune qu'elle, mais mon imagination avait probablement échangé le poids des années contre celui, plus ferme, d'une vraie force de caractère. Ainsi par cette gymnastique complexe, Dada Johra devenait pour moi plus vieille que Dada M'Barka et celle-ci plus vivante bien que morte depuis près de vingt ans.

J'étais bien sûr la seule à être vêtue à l'européenne. J'étais très embarrassée au milieu d'une telle concentration de tradition et n'hésitais pourtant pas à exprimer toute la joie que j'éprouvais à participer réellement au devenir de Zahia.

Lalla Tata, absente depuis le début de notre rencontre car elle avait tenu à préparer elle-même le dîner, arriva enfin vêtue, elle aussi, d'une tenue classique et sobre. C'est Lalti Taja qui me fit signe de commencer à parler. Car si Bahia savait que l'on désirait retirer sa fille de l'asile psychiatrique, elle ignorait tout de notre désir de l'emmener au sanctuaire des aliénés mentaux de Bouya Omar. Je rassemblais tout mon souffle et les prenant toutes à témoin, je le lui annonçai.

« C'est donc mon enterrement à moi que vous désirez ?

– Ne dis pas de bêtises ! On s'en occupera à tour de rôle.

– Tais-toi, tu ne sais pas de quoi tu parles. J'aurais dû me méfier de cette histoire. »

Elle se leva et fit mine de partir lorsque Lalla Tata, sortie de ses gonds, lui intima l'ordre de s'asseoir et de se calmer.

« C'est ton manque de foi qui nous a entraînées dans ce drame. Ce n'est pas assez de l'avoir rendue folle tu veux encore l'abandonner définitivement au poison chimique des hôpitaux ! Tu n'as donc peur de rien ?

– Allons, dit Lalti Taja, maudissez Satan, tout cela ne vous ressemble guère. Va Bahia, embrasse la main de ta mère, nous trouverons sûrement une solution ! »

Le dîner fut copieux mais se passa dans le plus grand des silences. Après de nombreuses entrées servies en même temps, nous eûmes droit à mon tajine préféré, à l'agneau et aux cardes. Je m'abstins de tout commentaire, de peur que l'on ne me reprochât une quelconque indiscrétion quant à mon sens des plaisirs et à mes capacités à les taire. Compte tenu de la situation si compromettante dans laquelle j'avais entraîné tout le monde, je me tus et savourai en silence les cardes onctueuses qui fondaient dans ma bouche euphorisée par tant de parfums. Suivit un délicieux gâteau de riz, le *m'halbi* aux amandes.

En réalité la véritable décision se prit sur le pas de la porte au moment où l'on s'apprêtait à aller dormir. Bientôt, nous irions toutes ensemble rendre visite à Zahia et, selon son état, nous maintiendrions ou non l'idée de la remettre entre les mains de procédés traditionnels pour la soulager des affres de la folie.

XIII

LE CHEMIN VERS L'HÔPITAL avait été particulièrement long. Même Lalti Taja, qui sortait très rarement, avait consenti à nous y accompagner. Dans la rue, je conduisais en prêtant une attention distraite aux autres voitures qui encombraient la ville, fascinée que j'étais par la concentration si forte de toutes ces femmes qui aujourd'hui se réunissaient autour d'un drame. Ces trois générations que je transportais m'impliquaient dans un temps qui n'était pas le mien mais celui de ma famille.

J'étais confrontée aux strates de mon archéologie ou du moins à une partie d'entre elles. Et le plus étonnant est que tout cela s'accomplit dans une totale passivité. Les visiteurs attendaient tous dans un profond silence. Jamais foule ne me parut aussi calme. À croire qu'affronter l'espace de la folie n'est réalisable que dans l'exil de toute parole. Seuls quelques bébés, jetés nonchalamment sur le dos de leur mère, piaillaient ou manifestaient des signes d'agacement. Des femmes, visiblement très démunies, arboraient toutes un sachet en plastique noir contenant des fruits mais aussi des yaourts. Lorsque le portail s'ouvrit, la foule s'anima, se bouscula mais toujours sans rien dire. Une infirmière nous indiqua le pavillon numéro 8 où se trouvait Zahia. Un infirmier, chargé de surveiller les malades « violents », nous mena jusqu'à sa chambre.

Je vis Bahia s'approcher d'une des deux malades qui partageaient la chambre et je compris qu'une partie de ma vie m'avait été ôtée à jamais. Une part de mort s'était définitivement logée en moi. Elle avait élu domicile entre ma douleur et la sinistre arrogance de la souffrance qui avait achevé de dévaster Zahia. Je continuai de la regarder sans oser l'approcher. J'avais beau retoucher le passé, l'ajuster à mes souvenirs, la réalité de la déchéance de Zahia me rattrapait. Nous étions saisies l'une par l'autre. Nos regards, rivés sur des images anciennes l'une de l'autre, étaient comme aimantés. Lalti Taja me rappela à l'ordre et d'une voix triste mais ferme me dit : « Allons, embrasse-la. Ce n'est pas le moment de t'effondrer. » Je m'approchai et finalement embrassai ce corps dont l'allure élancée de naguère, qui se devinait encore derrière l'aspect désastreux qu'il exhibait indécemment, me parut une pure illusion. Le plus insupportable est qu'il me sembla enlacer un peu de la matérialité même de la mort. L'idée effroyable que l'on se fait d'un corps anéanti et déserté de

toute âme. Elle ne bougea pas mais ne s'abstint pas non plus
de bouger. Elle était bel et bien dépourvue de tout mouvement. Farouchement installée dans une passivité pareille à la
mort, elle était démunie de toute idée de volonté. Rien ne
semblait en mesure de l'atteindre. Sa relation au monde avait
vraisemblablement rompu tout lien avec la réalité. Elle flottait
dans un vide total et absolu. Ce n'était pas un vide accueillant
que l'absence de peur pouvait espérer combler mais le vide,
indicible et inimaginable, d'un néant où la mort ricane tout en
se taisant. Un ricanement sourd et désobligeant. Zahia était là
et planait entre rien et rien. Aucune ombre n'encombrait son
regard, simplement ouvert et simplement béant. J'étais profondément déroutée. Je ne savais rien de ce que les psychia-
tres disaient être un autisme chronique, et ne désirais rien
en savoir. Cette chose défaite qui s'offrait sans défense à
mon observation ne rencontrait aucun repère en moi. Nous
étions littéralement étrangères l'une à l'autre et rivées, à notre
insu, à un espace sans limites ni contours. Elle était dévorée
par un vide si vaste qu'il en devenait inaccessible au langage.
Pas un seul mot ne me parut assez architecturé pour produire
encore du sens, susceptible de réinstaurer une image ou un
son, entre elle et moi. Elle était elle et j'étais moi. Aucune
ombre, même ancienne, ne se dessinait entre nos corps
immobiles au point de devenir totalement abstraits. Nous

existions dans un temps d'exil. Un temps de pur éloignement.
Mes yeux sondaient non son regard mais l'étendue immense
d'une mémoire aphasique et anachronique. Rien en la Zahia
d'aujourd'hui ne s'harmonisait avec l'image de la jeune fille de
dix-huit ans que j'avais quittée. Elle était certes déjà malade,
mais d'une maladie encore humaine et dont les signes d'alors
ne laissaient rien présager de tel. Or ce que je voyais là n'avait,
me semble-t-il du moins, plus aucun rapport avec l'humanité.
Que s'était-il passé ? Quel chemin l'homme emprunte-t-il
pour cesser d'être un homme ? Je n'osai pas me l'avouer mais
je pense bien qu'il n'y avait plus en moi aucune trace d'espoir.
Je compris et sentis pour la première fois le désarroi de Bahia
et m'en voulus de ma stupide désinvolture. L'infirmière se
crut autorisée à nous signifier qu'elle avait perdu tout sens de
la parole. Mon regard lui dictant probablement un peu plus
de pudeur, elle se retira en nous recommandant de ne pas
hésiter à la déranger en cas de besoin.

Ses paroles se perdirent dans les relents âcres de la chambre
où l'odeur des barbituriques s'était fortement imprégnée de
celle de l'eau javellisée qui servait à désinfecter les lieux. Zahia
n'avait plus sa belle tignasse noire. On lui avait très visiblement
rasé le crâne à cause des poux. Les pensées les plus funestes
voisinaient avec l'ironie. Je ris intérieurement de cette chevelure autrefois si touffue qui me rappela l'extraordinaire

jugement de Lautréamont sur ces bestioles férocement perverses et, mentalement, je dégustai encore une fois la délicieuse impertinence de sa prose :

Ô pou, à la prunelle recroquevillée, tant que les fleuves répandront la
pente de leurs eaux dans les abîmes de la mer ; tant que les astres
graviteront sur le sentier de leur orbite ; tant que le vide muet n'aura
pas d'horizon ; tant que l'humanité déchirera ses propres flancs par
des guerres funestes ; tant que la justice divine précipitera ses foudres
vengeresses sur ce globe égoïste ; tant que l'homme méconnaîtra son
créateur, et se narguera de lui, non sans raison, en y mêlant du
mépris, ton règne sera assuré sur l'univers, et ta dynastie étendra ses
anneaux de siècle en siècle. Je te salue, soleil levant, libérateur céleste,
toi, l'ennemi invisible de l'homme.

Je continuai à la regarder et ses yeux, pourtant profondément noirs semblaient pâles tant les cernes étaient sombres et
creux. Ses narines joliment recourbées autrefois étaient dilatées
et leur évasement dévoilait indécemment une intimité dépossédée d'elle-même. Ses narines trônaient au milieu de son
visage comme un sexe plein de toiles d'araignée. Ses lèvres
sèches pendouillaient jusqu'au bas du menton. Elle resta
immobile puis finalement s'assit au pied du lit. Son regard
véritablement dépourvu d'objet était flasque. Incapable que

j'étais encore d'une impression juste, je m'assis à côté d'elle et,
lui prenant la main, je m'aperçus combien ses poignets étaient
endoloris par les traces des chaînes. Je fus prise d'une rage
terrible et des larmes chaudes m'inondèrent le visage. Comme
il est dur d'être impuissant, pensai-je.

Comprenant le drame de sa fille, Lalla Tata lui prit la main
et la rassura :

« Ne t'inquiète pas, c'est moi qui vais m'occuper d'elle.

– Viens, dis-je à Bahia, allons voir le médecin-chef. »

Les formalités furent plutôt brèves et le médecin que
j'avais déjà prévenu par téléphone de notre visite n'opposa
aucune sorte de résistance. Il nous fit une ordonnance pour
une durée de trois mois et signa le bon de sortie. Cependant je
pris soin de lui préciser que si cela était nécessaire je revien-
drais le voir, ajoutant qu'il serait peut-être bon, dans un
premier temps, de ne la prendre que pour de courtes durées
afin qu'elle s'habituât tranquillement à un autre environne-
ment. Il demanda ensuite à Bahia de signer une décharge et
ajouta : « Il lui arrive d'être violente, soyez prudente. » Nous
ne dîmes rien ni l'une ni l'autre. Aucune allusion à la maladie.
Elle n'était ni plus ni moins qu'un numéro de matricule,
numéro 8, pavillon 8... Zahia n'existait pas. Je lui expliquai
que c'était fini l'hôpital, qu'elle réintégrait la maison, que nous
étions toutes prêtes à l'aider... mais rien. Mes paroles ne

rencontraient aucun écho. Pourtant, intuitivement je choisis de continuer à parler, certaine que quelque chose en elle était encore en vie. Certaine que la lumière du sens trouve toujours un chemin vers le cerveau. Au retour, le silence était plus épais et nos âmes plus vieilles. On convint que Zahia resterait vivre avec sa grand-mère chez Lalti Taja. Bahia étant tenue de continuer à gagner sa vie sur la place Jemaa-el-Fna, elle avait des horaires trop spéciaux pour ne pas déranger le rythme de tout le monde. Mais elle était évidemment libre d'entrer et de sortir comme elle l'entendait. J'étais encore une fois fascinée par la générosité infinie de ces femmes d'autrefois. Leur foi, indéfectible, les rendait accessibles à une extraordinaire vision du monde et de ses possibles.

On différa la visite au sanctuaire de Bouya Omar. Zahia devait d'abord reprendre des forces et recouvrer, à supposer que cela soit encore pensable, un peu de sa dignité d'être humain. Quant à moi, je promis de prendre en charge le traitement et d'être disponible pour tous les allers et retours *au village des pauvres fous.*

XIV

LE TEMPS FRAÎCHISSAIT et les maisons traditionnelles, essentiellement conçues à l'origine pour se protéger de l'aridité des
climats secs et chauds, semblaient se recroqueviller à l'arrivée
de l'hiver. La lumière suspendait ses rayons sur les bords de
la *halqa*. À l'image d'un arbre qui se métamorphose en per-
dant ses feuilles, elles se transformaient, et cette dimension de
la perte, cette sorte de caducité, s'opérait paradoxalement
comme un ajout. Ces maisons, d'une certaine manière, revê-
taient le manteau de l'hiver plutôt qu'elles ne perdaient leur
apparat de l'été. Elles devenaient soudain plus solennelles.
Plus mystérieuses. Plus secrètes et moins accessibles. Comme
si des montagnes imaginaires se dressaient tout à coup entre
elles et le carré captif de lumière, en leur centre et en leur ciel,
pour forcer leurs habitants à s'enfoncer un peu plus en eux-
mêmes. L'hiver, les gens sont plus enclins à écouter la part de
solitude ancrée en eux alors que l'été favorise la dilapidation.
Comme si l'hiver était une invite de Dieu à une plus grande

convivialité avec soi-même ! L'hiver est finalement l'ami de l'homme.

Zahia, qui vivait là depuis plus d'un mois maintenant, s'avérait, contrairement aux propos du psychiatre, plutôt docile. J'étais contente qu'elle arrivât à ce moment-là de l'année. Les soirées plus longues étaient pour Lalla Tata l'occasion de lui parler plus abondamment. De lui raconter des histoires. Elle ne disait toujours pas un mot mais semblait tout de même, peu à peu, réapprendre le chemin de l'humanité, si précaire fût-il. Quant à moi, je venais dormir avec elles tous les mardis soir. Lalti Taja avait, elle, intégré l'hiver. Elle priait beaucoup mais parlait rarement. La présence de Zahia avait un peu éloigné Lalla Tata, qui était tout le temps auprès de sa petite-fille, de peur d'une mauvaise surprise bien sûr, mais aussi parce que, par discrétion, elle ne voulait pas imposer sa présence à Lalti Taja. Pourtant la seule requête ouvertement exprimée par celle-ci était qu'elle ne désirait pas que Zahia se mît à table avec elle : « C'est trop douloureux. Je n'ai plus de place pour la souffrance », avait-elle précisé. Aussi Lalla Tata prit-elle l'habitude de faire manger Zahia loin de ses heures de repas, qu'elle continuait de partager avec Lalti Taja.

L'hiver, pour beaucoup de vieilles familles, concordait avec la préparation d'une sorte de gâteau à base de graines de kif, le *maajoun*. Autrefois les femmes en remplissaient des petits bols d'argent ou de porcelaine qu'elles rangeaient précieusement dans leurs armoires ou leurs coffres andalous en bois peints de motifs floraux. Lalti Taja, écœurée par la consommation excessive de cette sorte de choses par Bradia, avait cessé d'en prendre depuis très longtemps. Mais Lalla Tata et encore quelquefois Dada Johra, malgré son âge très avancé, continuaient, bien qu'en très faible quantité, à en consommer. « Cela me réchauffe les os », disait Lalla Tata de sa voix fluette.

Je revois encore Dada sortir un petit bol de porcelaine chinoise et, avec une cuillère à café, se servir avec discrétion et une immense grâce. Elle se léchait alors le bout des lèvres et, me souriant, en appréciait visiblement la saveur. En arrivant ce soir-là j'en reconnus l'odeur. « Quel arôme ! dis-je à Lalla Tata.

– Il faut ce qu'il faut. J'espère que jamais Dieu ne m'en privera ! »

Elle avait prononcé ces quelques mots avec une telle insistance que je compris que la souffrance de sa fille Bahia, vécue à travers celle de Zahia, et de surcroît au quotidien, avait fini par l'atteindre, mais jamais elle ne s'en plaignit.

Nous nous installâmes dans un coin de la *qobba*, sous d'épaisses couvertures de laine tissées main et elle me parla pendant des heures de Bradia, dont elle savait tout grâce à Dada M'Barka.

Elle était un jour tranquillement assise avec Dada, me dit-elle, quand arriva Bradia, toujours nerveuse et aguicheuse :

« Dada, avait-elle dit, ne trouves-tu pas qu'il commence à faire froid ? »

Et Dada, tout aussi aguicheuse et maligne, avait alors répondu :

« Où veux-tu en venir ma fille ? Que se passe-t-il encore derrière ces beaux yeux ? Hammad ne t'aime-t-il pas assez ?

– En ai-je vraiment l'air ? dit-elle en riant.

– Méfie-toi. On dit que l'excès d'amour rend invalide.

– ... et le manque aveugle, lui rétorqua-t-elle en balançant le buste. Non. Voilà. Ma mère a l'habitude de préparer du *maajoun* à la veille de l'hiver. C'est une...

– ... une délicieuse pâte de glands, de noix, d'amandes et de miel. Et bien sûr de la noix de muscade et des graines de kif grillées... ? »

Bradia l'avait regardée avec les yeux pétillants d'amour et de reconnaissance et malicieusement avait ajouté : « Sans oublier les clous de girofle, *Ras al-hanouth* et la cannelle ! »

Elle l'avait serrée dans ses bras et avait longuement caressé sa coiffe blanche. Comme si de cette blancheur intemporelle tout pouvait jaillir et inonder sa vie. Cette saillie blanche sur ce visage noir était aux yeux de Bradia plus troublante qu'un ciel plein d'étoiles. Elle avait, j'imagine, pensé à son beau-père et compris combien il avait raison de l'aimer. Elle l'en avait même, probablement, moins détesté. Lui si froid et si distant avec elle à cause de ce qu'il appelait « ses lubies blasphématoires ».

« Je crois que je deviendrais folle si tu venais à disparaître de ma vie, avait-elle ajouté, alors ce *maajoun* ?

– Mon petit, c'est très compliqué. Il faudra de nouveau amadouer Ahmed le gardien. Tu sais comme il est devenu gourmand avec tes histoires de cigarettes et d'alcool !

– Ne t'en fais pas, pourvu qu'il soit efficace. Je trouverai toujours de l'argent pour lui. »

Elle l'embrassa chaleureusement et partit en courant dans sa chambre retrouver son grand miroir andalou qui l'avait toujours soutenue et distraite.

« Il faudra patienter plusieurs jours », lui cria Dada.

L'appartement de Bradia, que je connaissais par cœur tant on me l'avait décrit, était constitué d'une immense *qobba* qui lui servait de salon privé, d'une alcôve où couchait quelquefois Dada, prolongée sur le côté droit d'une chambre à coucher et d'une salle d'eau à l'ancienne. En guise de baignoire, elle y avait fait installer un bac en bois comme ceux utilisés autrefois pour les grandes lessives. Elle avait amené dans sa dot les traditionnels divans recouverts de satin fleuri et rehaussés de longues bandes brodées au point de Fès. Un tapis de Rabat rouge et bordeaux, des tentures de soie et de satin, des portières de velours et de dentelle brodées au point de Rabat. Puis, ce qu'elle avait plaisir, me précisa Lalla Tata, à appeler « Mon miroir ». Une glace de deux mètres de hauteur qui avait appartenu à son arrière-grand-père, le vizir J. en personne et qu'elle avait installée non loin de son lit à baldaquin, dans la chambre à coucher.

Elle était allongée sur le ventre, continua Lalla Tata, face au miroir et s'était appuyée sur les coudes. Soutenant son visage de ses mains, elle se contemplait et se trouvait belle. Toute l'intensité de son regard l'avait plongée, à son insu, dans cette chair pâle et soyeuse qu'elle observait comme s'il s'agissait d'une autre que la sienne. Elle avait suivi l'arrondi de ses épaules et l'avait trouvé parfait. Avait effleuré son cou du bout des doigts et dit à voix haute : « Rien ni personne ne me détournera jamais de mes désirs. Rien. » Elle s'était assise et avait déboutonné solennellement son cafetan, avait découvert ses seins et les avait caressés, ouvert son étui et pris une cigarette qu'elle avait allumée avec une application particulière. Elle avait entrouvert ses lèvres et laissé la fumée s'échapper lentement, en volutes qu'elle suivait de sa main. Elle avait défait ses longs cheveux cendrés et s'était promis d'aimer ardemment Hammad. D'essayer encore une fois d'accompagner son orgasme d'un fou rire, comme le lui avait raconté Dada M'Barka. Un fou rire saccadé par les spasmes de la jouissance. De maintenir la lampe allumée. De lui dire des mots d'amour au creux de l'oreille. De lui baiser le ventre et la poitrine. De l'embrasser avec la même fougue que Dada son maître. De ne pas se laisser intimider par sa pudeur et peut-être, peut-être même de laisser glisser la main entre ses cuisses, et sentir le velouté humide du sexe tel que le lui décrivait Dada.

« Je prendrai un verre d'eau-de-vie pour m'encourager et me parfumerai la bouche afin qu'il ne s'aperçoive de rien », avait-elle crié très fort pendant que Lalla Tata, qui n'était encore qu'une jeune fille, manifestait le désir de se retirer. Dada la retenait et lui répétait toujours : « Non, non, reste, tu passeras bien par là un jour ou l'autre ! »

« Il faut. Il faut absolument que j'y parvienne, pensait Bradia. Dada en rirait tellement. »

Elle l'avait appelée pour que celle-ci lui prépare son bain. Et Dada, comprenant tout le stratagème du vertige auquel elle se promettait, avait redoublé d'attention et avait envoyé chercher un citron qu'elle avait piqué de clous de girofle et de menus morceaux de bois de santal qu'elle plongea dans l'eau chaude. Elle avait ensuite pris quelques brins de romarin qu'elle avait glissés dans le gant de coton travaillé au crochet, et s'étais mise à lui frotter délicatement d'abord le dos, puis le ventre et, ensuite seulement, les bras et les jambes. Elle lui avait frictionné les cheveux préalablement enduits d'argile à la rose et, prenant une coupelle en argent, les lui avait abondamment rincés. Elle avait finalement préparé une pâte assez épaisse de henné et de poudre de garance qu'elle lui avait passée sur tout le corps.

« Tu auras ainsi le teint plus hâlé », lui avait-elle dit en clignant de l'œil droit. Et Lalla Tata, qui était restée plantée là au cas où Dada aurait besoin de quelque chose, suivait tout cela avec un intérêt qui venait bien évidemment de sa féminité naissante. Bradia, qui s'était laissé faire comme un mannequin depuis le début, avait soupiré en prononçant quelques paroles douces pour remercier Dada, puis comme pour préciser l'état réel de ses pensées, lui avait chuchoté, mais assez haut pour que Lalla Tata l'entende : « Vois-tu, Dada, je ne peux m'empêcher de penser à ce rire obsédant au moment de l'orgasme. Mais comment dire, quelque chose me submerge et au moment fatal où je devrais rire, eh bien un sentiment terrible de vertige s'empare de moi et plutôt que de rire, je me mets à crier. » Elle s'était tue un instant et, inquiète, que Dieu ait son âme, avait ajouté : « Est-ce un bon signe d'amour ? N'est-il pas un peu déplacé de hurler comme si quelqu'un m'étranglait ? » Dada l'avait regardée avec tout le poids de son expérience et, lui tournant le dos, lui avait expliqué : « Non, mon enfant. C'est parce que tu es libre que tu peux crier. Et c'est bien pour étouffer les cris que je me force à rire. Ton beau-père ne comprendrait sûrement pas. Car si nous nous aimons, je n'oublie pas que je dois aussi l'amuser. Comprends-tu ? » Elle avait coupé court à cette innocente question de Bradia qui soulignait, très certainement je suppose, encore une fois leur différence essentielle, et lui avait embaumé le corps avec du vrai parfum français.

Elle avait nettoyé la salle de bains avant l'arrivée de Sidi Hammad et avait ensuite aidé Bradia à s'habiller pour cette nuit aux allures hautement initiatiques, pensai-je sans perdre un mot de cette histoire. Enfin, elle avait ouvert un coffre andalou et en avait sorti une petite fiole enveloppée dans un foulard de soie. Elle l'avait embrassée, avait fermé les yeux et crié : « Merci Rachel », en parlant d'une Juive du mellah qui officiellement venait de temps à autre proposer des tissus à toutes les femmes de la maison, mais qui la fournissait régulièrement en eau-de-vie de figue sèche. Elle avait alors sorti un petit gobelet d'argent et, dans le silence inhérent à tout rituel, avait versé un peu du liquide qu'elle avait proposé à Dada :

« Mais voyons ma fille cela est insensé ! Je n'ai jamais bu de ma vie », avait répondu Dada, que Dieu ait son âme et, feignant une grande colère, elle avait quitté le salon sans rien dire. « C'est alors que, Dieu lui pardonne, dit Lalla Tata, elle m'avait fait croire que c'était un médicament et m'avait obligée à en boire. C'est comme ça qu'elle m'initia à l'alcool. Qu'elle nous initia toutes, d'ailleurs. Elle adorait enivrer les domestiques et se rire d'eux. Heureusement je ne bois plus du tout depuis de nombreuses années. Si Dada Johra avait encore un peu de force, elle t'aurait conté ce qu'elle nous faisait. Elle ne craignait personne mis à part Dada M'Barka qui ne l'a jamais laissée faire. Enfin tout cela est bien loin !

Bradia avait savouré sa boisson, persuadée que Dada mourait d'envie de goûter à son ultime saveur, mais jamais elle n'accepta. Ce fut la seule qui lui résista jusqu'au bout. La seule ! Toutes les autres, y compris moi bien sûr, avaient cédé. Mais nous étions si jeunes que rien ne nous semblait blâmable. Puis s'allongeant sur son lit à baldaquin elle m'avait demandé de lui masser les pieds et me parla de Ahmed le portier. Le très vénérable Ahmed, il est mort depuis si longtemps, lui aussi. Le très utile et très précieux Ahmed. Le seul, répétait-elle, capable de trouver des graines de kif et le seul à savoir se taire.

Portier de son état, Ahmed avait été au service de Sid al Maati, le maître des lieux, depuis plus de quarante ans. Magnifiquement beau et noir, car je l'avais connu enfant, il n'était pas esclave cependant. Et c'est cela précisément qui lui avait valu tant de respect, et peut-être même une certaine crainte de la part de tout le monde. Il n'ignorait rien de l'histoire de cette famille. Pas même les petits flirts, de plus en plus fréquents et réguliers, de son maître avec les colons. Il lui avait connu plusieurs maîtresses françaises, dont une régulière, Mme Hélène, qui l'accompagnait dans ses soirées « mystérieusement politiques ». Mais conscient de la gravité de ces relations occultes, il s'était bien gardé d'en parler. La résistance contre la colonisation s'organisait officiellement et il aurait été fatal à Sid' al Maati que l'on se doutât de ses penchants pour la « collaboration ». Aussi, fort de tous ses secrets, Ahmed monnayait-il cette arme redoutable tant pour améliorer sa situation financière que pour asseoir son pouvoir au sein de la communauté des femmes. Mais il avait également son propre garde-fou, Dada. La toute-puissante Dada M'Barka. Il l'avait vue le jour de son arrivée. Petite fille noire. Chétive. Dont le corps tout entier semblait blotti dans un immense regard transi de peur et de colère. Achetée à Marrakech, elle avait été acheminée par un certain Lhoucine que personne n'avait plus jamais revu. Il l'avait vue grandir et déployer son charme et son intelligence.

La haine de son destin, Dada l'avait peu à peu transformée en une implacable vengeance. L'injustice lui avait dicté les mécanismes souterrains du pouvoir. Ses lois sourdes et

inébranlables. Loin de toute mièvre fatalité, elle avait su
dévier les coups du sort. Dans ses moments de grande colère,
le ciel, comme son maître, comme Ahmed et comme toutes
les autres femmes, légitimes ou non, devait se soumettre et
devenir la matière de son impossible cicatrisation. Et lorsque
Ahmed avait perçu la véritable passion de son maître pour
Dada, il avait vite fait de rentrer ses propres griffes devant
celles, autrement acérées, de la «diabolique négresse»,
comme il se plaisait semble-t-il à l'appeler. Elle avait soudain
basculé du côté des maîtres. La douloureuse nuit de sa peau
s'était transformée en une cinglante étoile. Expulsée de
l'immensité noire, elle avait su arracher sa lumière au jour. C'est
alors qu'elle décida de ne plus jamais s'habiller qu'en blanc, telle
que je la vis pendant des années. Habillée de blanc de la tête aux
pieds et quelle que fût la circonstance. Comme si cette suprême
absence de couleur devait irradier de tous ses feux l'absolue
blessure que lui avait infligée son autre couleur. Celle indicible et
honteuse de sa race. De ses origines. De son enfance volée.
C'est cela. C'est tout cela que réparait ce costume blanc, je le
compris longtemps après sa mort. Costume de pleine lumière.
Lumière poignante que réfractait l'aveuglante brillance de ses
yeux irrésistiblement noirs. Toutes ces étoffes blanches réha-
bilitaient son âme d'enfant troquée. Bafouée. Exilée loin des
siens. Loin de sa terre. Loin de ses odeurs. Loin d'elle-même.

Ce blanc lui avait appris à redessiner les contours meurtris de son identité. Et Ahmed plus que tout autre était conscient de la structure mentale d'une femme qui à ses yeux avait su conquérir le cœur de Sid al Maati. En outre, il jouait un rôle crucial dans la vie de toutes ces femmes cloîtrées. Il était la passerelle incontournable entre elles et cet espace magique et interdit qu'était la rue. C'est lui qui fournissait Bradia en cigarettes mais également en vins qu'il achetait chez Mme Claude, la tenancière du bar *La Tonnelle* où il allait parfois retrouver Mimi, une jeune prostituée originaire d'Algérie.

Le souffle même de Ahmed semblait animer celui de Bradia. Tous ses désirs, ou presque, dépendaient de lui. Rien. Absolument rien n'était assez démesuré pour satisfaire son avidité. Une part importante de son argent lui était solennellement réservée. Se caressant lentement le cou, elle pensait à lui, me racontait Lalla Tata, lorsqu'elle entendit la voix de Hammad qui toussa très fort pour annoncer son arrivée avant de pénétrer dans la chambre, de peur de la surprendre en train de fumer ou de boire.

J'eus la peur de ma vie. Je me blottis sous le lit et attendis que Dada vînt me chercher. Quant à Bradia, elle ne s'était plus préoccupée de mon existence. Elle était tellement amoureuse de Sidi Hammad qu'elle m'en oublia.

Lalla Tata adorait me parler de cette période de sa vie autant, sinon plus, que j'aimais l'écouter. Les femmes d'aujourd'hui sont si pâles comparées à celles de ce temps-là. Cela me faisait rire d'entendre les féministes parler de prison. Les femmes d'autrefois n'avaient certes pas accès à la rue, mais elles ne s'interdisaient rien. On ne pouvait rien leur interdire. Avant de se lever – pour aller servir son dîner à Zahia, qui était restée à regarder la télévision en cuisine avec Fatéma et Mina, les bonnes – Lalla Tata me promit qu'elle me raconterait la fameuse « nuit du poulet *madfoun* » avant de dormir. Je restai avec Lalti Taja, qui n'ignorait rien des termes dans lesquels Lalla Tata me parlait de sa sœur et préférait ne pas l'écouter en ma présence. Elle était restée à l'autre bout de la *qobba*, murmurant de temps à autre une phrase à Dada Johra, dont elle n'attendait d'ailleurs aucune réponse.

XV

Vêtu d'un cafetan de flanelle et d'un burnous de laine finement tissée, il retira ses babouches jaunes et entra. Bradia, subjuguée par la beauté de son mari, se leva et l'aida à se défaire de sa large ceinture de soie.

« Il est bien tard. Comment s'est passée ta journée ?

– Elle a été heureuse. Très heureuse. Je reviens seulement maintenant du hammam. Je n'ai pas pu y aller ce matin comme je te l'avais annoncé. J'ai finalement demandé à Ahmed de le louer et de me le préparer pour le début de la soirée. Nous étions quatre amis. Il n'y a rien de mieux pour se délasser ! »

Ravie de le voir si loquace, Bradia redoubla de confiance et d'optimisme. « J'y parviendrai. Je jure que j'y parviendrai. » Tout en l'écoutant attentivement elle ne pouvait dévier sa pensée du désir, devenu obsessionnel, non pas de violer cet homme mais du moins de franchir avec lui quelques-unes des frontières de l'érotisme sans trahir pour autant certaines limites de la

pudeur. Lui faire goûter et goûter avec lui les joies inestima-
bles du bonheur de la chair. Surtout qu'il lui avait à plusieurs
reprises expliqué que l'Islam est très permissif quant à ces
choses, pourvu qu'elles se passent dans la stricte légalité. Elle
voulait lui offrir sa poitrine ferme et gonflée de désir. Sa peau
lisse et parfumée. Ses lèvres humides et dilatées. « Figure-toi,
continua-t-il, que je viens d'acquérir une petite ferme non loin
d'ici. Dès le printemps tu pourras y aller avec Dada M'Barka.
Tu verras, c'est une vraie merveille. Mon père était présent.
C'est lui qui a tout négocié. Je suis vraiment trop fatigué pour
aller dîner à la table des hommes. » Bradia ne se le fit pas
répéter deux fois et, ne lui laissant aucune possibilité de
changer d'avis, elle se leva et lui dit :

« Détends-toi, je vais demander à Dada de nous servir ici. »
Bradia tremblait intérieurement. Elle avait peur de manquer de courage au moment de séduire Hammad. Peur de
maintenir la petite lampe allumée. Peur de parcourir ce corps
dont elle était vraiment éprise. Peur d'imaginer approcher son
sexe. Peur de la réaction de cet homme prude et trop bien
élevé. Rongée par le doute, elle observait Hammad comme si
de ce regard pouvait surgir un traité d'érotisme à sa mesure,
audacieux et cependant discret. Imperceptible à ce mari pieux
et un peu timide. Elle se remémora dans le détail les descrip-
tions inlassables de Dada. « Et si elle avait menti ? pensa-t-elle

soudain. Et si elle avait dit cela pour m'épater ? Pour me prouver que sa féminité est supérieure à la mienne ? » Elle fit brûler un peu de bois de aoud comme pour emprunter sa fougue au feu. Sa détermination. Elle quitta brusquement la *qobba* et appela Dada.

« Il ne dînera pas avec son père ce soir. Sers-nous ici au salon. » Elle se tut un instant et brusquement la prit par les épaules. « Tu ne me racontes pas de mensonges ? Je peux vraiment me dénuder entièrement ? Je peux...

– Oui. Tu peux tout faire, lui dit-elle en riant, mais souviens-toi que tu dois rester maîtresse de tes actes. S'il sent la moindre faiblesse, il l'exploitera et te méprisera. Pars, maintenant, et sois forte. Laisse l'amour te guider. »

Dada leur servit du poulet *madfoun* aux vermicelles cuits à la vapeur accompagné de lait puis des oranges à la cannelle pour le dessert. Ils rêvèrent ensemble de la ferme. Projetèrent d'y passer quelques jours. Bradia fit le projet d'aller y procéder à la cérémonie de la distillation des fleurs de bigaradier. Toutes ses paroles, prononcées avec délectation, ployaient sous le poids indéfinissable du désir. Elles sortaient de sa bouche et se répandaient dans l'espace qui la séparait de la chambre à coucher. Du lit. De cette matière nocturne et préméditée. Mais le discours devint peu à peu saccadé. Les mots impatients. Les gestes fébriles. Son esprit se brouilla quelque peu mais ses sens ne l'abandonnèrent pas. Elle demeura vigilante, persuadée que tout était possible. Sa pensée voguait en des lieux qu'elle n'avait encore jamais explorés. Des sensations étranges parcouraient son corps alangui. Des bouffées de chaleur lui montaient à la gorge. Son cœur se mit à battre très fort. « Si je n'y arrive pas ce soir, jamais je n'y arriverai », se dit-elle. Poussée par une vitalité inhabituelle, elle se leva et, prenant Hammad par la main, elle l'entraîna sans mot dire dans la chambre à coucher. Elle s'allongea sur le lit et défit un à un les boutons de fil de soie de son cafetan de satin ocre qu'elle laissa glisser sur les broderies du drap. Sa chevelure dorée glissa sur l'oreiller. Ses yeux happèrent du regard son mari envoûté. Saisi d'incompréhension. Circonspect. Elle l'attira dans la pleine lumière. Lui prit les mains. Lui offrit ses seins brûlants. Sa bouche humide. Son cou. Puis son ventre. Sa peau si lisse. Si veloutée. Non. Il ne fallait en aucun cas le laisser parler. Réfléchir. Penser. N'importe quel mot, même d'amour, l'aurait ramené à la raison. Seule cette fascination brûlante et muette pouvait le tenir en haleine. Repousser ses préjugés d'enfant bien né. Pieux. Il lui appartiendrait corps et âme. Toute sa foi sera exaltée par sa passion. Son vertige. Son feu. Elle se sentait plus forte que jamais. Plus puissante. Plus irrésistible. Plus déroutante. Elle remonta la lourde flannelle du cafetan de son mari et, d'un mouvement sec et rapide, lui releva les bras et le lui enleva. Retira son *tchamir* de voile blanc, défit les boutons de son séroual et le fit glisser le long des jambes viriles et parfaitement galbées. Ce corps, qui n'avait jamais appartenu qu'à la nuit, jaillit enfin. Il était nu. Entièrement nu. Nu et à elle. À elle seule. Puis ce fut son tour. Elle ôta sa longue culotte brodée comme on les portait autrefois, puis son *tchamir* de mousseline brune et, posant ses dessous au coin du lit, elle se dénuda enfin. Pour la première fois totalement nue. Nue face à l'amour. Nue face au plaisir. Elle remonta ses jambes et s'abandonna à ce corps généreux et docile. Ce corps étonnamment sculptural et compatissant. Puis elle se concentra sur les lourdes mains de Hammad, qui redessina ses contours aussi précisément et aussi passionnément que l'eût fait un aveugle au toucher plus sensible. Alors, le désir la grandissant, il l'éleva haut dans le ciel quand elle sentit la chaleur moite de ce sexe si brun dans son ventre. Alors elle haleta. Poussa d'abord des petits cris saccadés qui montèrent crescendo et s'amplifièrent tant qu'ils devinrent un vrai cri, puissant et capable de percer le septième ciel où les délices sont éternelles. Puis elle cria. Cria, enfin, comme jamais elle ne l'avait fait auparavant. Là, sous les yeux éperdus de son homme, de celui qui lui appartenait par la loi et par l'amour. Là, sous l'œil de Dieu dont, étrangement, elle se sentait profondément aimée. Elle pensa à la religion si importante

pour son époux mais ne se sentit pas en faute. Elle ne se
sentit pas non plus en porte-à-faux avec son éducation. Elle
ouvrit ses yeux et, là, en pleine lumière, loin des barrières
infinies de la nuit, de ses abysses impalpables, de sa téné-
breuse hostilité au désir, elle le serra très fort et pensa à Dada.
Mais elle n'osa pas rire. Elle n'osa pas profaner ce temps si
solennellement sacré. Elle n'osa pas non plus approcher de
ses doigts tremblants cet organe encore palpitant entre ses
cuisses. Mais, triomphante, elle sourit de toute son âme à ce
mâle. Son cœur avait, l'espace d'un instant, été si large qu'il lui
sembla que tout l'univers avait célébré avec elle le plus beau
de ses chants.

Perplexe, Hammad regardait sa femme sans la voir. Ses
yeux plongeaient en elle comme au fond d'une matière instable. Défait, décomposé. Si quelqu'un, si quelque personne
que ce fût lui avait dit à ce moment-là qu'il venait de succom-
ber au désarroi de l'amour, il s'en serait indigné. Lui, si
condescendant face à tout débordement. Lui, si sincèrement
respectueux des traditions naturellement bourgeoises et reli-
gieuses, aurait rougi jusqu'au tréfonds de l'âme si la passion
l'avait, d'une manière ou d'une autre, contraint à reconnaître
en plein jour cette folie des sens. Oui. Il était passionnément
amoureux. Transi d'amour pour ce jeune corps frêle et déroutant.

Les yeux bleus de Bradia s'ouvraient comme une mer cruellement désinvolte. Son regard balayait de son flux inflexible et inhumain toute la virilité exaltée de Hammad. Son sperme avait coulé avec la force et l'indifférence des vagues qui se succèdent dans l'arrogante ignorance du temps. Son temps à lui. Hammad, fils aîné de Sid' al Maati, était définitivement métamorphosé. Le monde s'était retourné et dans sa culbute avait découvert sa face triomphalement et naturellement érotique. La clarté du jour n'aurait jamais plus – Hammad le savait maintenant – ce goût docile et doucereux d'avant. Bradia. Sa femme. Sa femme si belle – si ouvertement dévergondée et aimante – lui avait fait franchir les limites d'un sublime et insoupçonnable univers. Celui du désir. Celui du plaisir. Celui de la jouissance. Loin de vivre cela comme un viol, il l'éprouvait et le ressentait comme une sorte d'initiation sacrale. Les parois de son corps vibraient au contact d'une nouvelle vie. D'un nouvel espace. D'un air rare et glorieusement odorant dont il était l'unique maître. Elle lui avait appartenu. À lui. À lui seul. Leurs corps s'étaient mêlés. Leurs parfums avaient fusionné. Leurs peaux s'étaient aimées dans le silence des mots. Dans l'oubli des dogmes et des règles. Hébété, il continuait de la contempler comme le seuil absolu d'un savoir autre et étrangement différent de tout le savoir acquis dans les plis multiples et innombrables des livres qu'il caressait avec volupté et respect à l'université de la Qaraouiyyine d'abord, puis plus tard dans sa propre bibliothèque constituée de littérature religieuse mais pas seulement. Il pensa aux nombreux ouvrages sur l'amour et l'érotisme mais même *Le Collier de la colombe* d'Ibn Hazm lui parut moins puissant que son ardeur. Les fleurs éclatantes de Ali al Baghdâdî plus fades et presque inconsistantes. *Les Mille et Une Nuits* beaucoup trop labyrinthiques pour oser y loger ce sentiment si merveilleusement désemparant qu'il lui en parut quasi mystique. Sans compter que les traités de grammaire qui flattaient tant son intelligence devinrent simplement rigides et ennuyeux. Peut-être même inutiles face à l'immensité d'un amour palpable, concret et encore dégoulinant sur les jambes onduleuses et lisses de Bradia. Elle représentait à ses yeux la quintessence de tout savoir. Toute connaissance. Ses cheveux effeuillaient l'espace comme le plus somptueux des papiers. Le mouvement de son corps rythmait l'esprit comme la plus mélodieuse des litanies. Il comprit enfin, ou du moins le pensa-t-il, l'expérience d'Ibn Arabi avec la jeune Persane Nizam. « Le langage de l'amour et celui de la foi exaltent les mêmes saveurs ! » Puis il pensa au grand savant al-Suyûtî et à ses traités érotiques et prit encore plus conscience de cette dimension de l'amour terrestre en Islam. Pour la première fois également, Hammad entendait le silence déferler au creux de sa pensée, sans que le bruissement des sons – pourtant violent dans sa tête – entamât pour autant l'atmosphère sereinement envoûtante de cette chambre dont les broderies – hier encore conventionnelles – s'étaient soudain mises à écrire et à dessiner les contours d'une vie palpitante de couleurs.

XVI

L<small>A MORT DE</small> B<small>RADIA</small> survint bien trop tôt. Comme si son ardeur de vie avait laissé un manque irrattrapable ! Quelque chose était resté suspendu, un peu comme une question sans réponse. Je pense que tout le monde se sentait, d'une manière ou d'une autre, un peu responsable. Hammad était bien conscient de sa différence et « sans doute, disait-il, que de l'autoriser à recevoir un enseignement, comme cela se faisait déjà dans d'autres familles, l'eût probablement aidée ». Mais il lui était tellement attaché qu'à aucun moment il ne put imaginer que la vie pouvait l'amputer de la plus délicieuse oreille qu'il lui avait été donné de rencontrer. Bradia n'aimait rien tant que les longues lectures de poésie qu'il lui faisait certains soirs lorsque, après avoir fait l'amour, elle semblait enfin profondément apaisée. Elle disait que ces vers dessinaient des chemins invisibles qui la menaient dans les secrets du ciel. Quelquefois elle lui faisait répéter certains passages trois ou quatre fois. Comme ce vers d'Ibn Hazm, dont elle disait très joliment qu'il était sa seconde bague de mariage :

L'appel de la passion nous guide vers l'union,
Comme un brasier ardent le voyageur nocturne.

Même Lalla Tata le connaissait par cœur pour l'avoir si souvent entendue le dire et le redire à voix haute. Elle l'avait même appris à sa belle-mère avec qui elle n'avait que peu de rapport. Celle-ci n'avait jamais admis que son fils ne lui interdît pas tout bonnement de boire. Et lorsqu'elle avait appris la stérilité de Bradia, elle s'était écriée sans gêne aucune : « Allah est grand ! Comment aurait-elle pu assumer sainement une maternité ? » Mais jamais Bradia n'avait relevé ce qu'elle appelait « les recoins sombres de la bêtise ».

Sa vitalité était demeurée sans objet. Sans lieu. Elle avait tenté d'en dilapider l'excès en s'enfonçant dans la pratique d'une transgression de la loi qui, finalement, si elle ne lui avait pas servi à elle directement, avait laissé un profond impact sur les femmes qui l'avaient vue vivre. Mais pas seulement. J'étais persuadée que ma répulsion intuitive pour les féministes du style MLF tenait d'une profonde influence sur moi du courage que Bradia avait eu à braver toutes les lois qui la maintenaient, à son insu, dans une vie et un espace comprimés entre deux parenthèses trop étroites pour « qu'une vraie femme comme moi, se plaisait-elle à dire, acceptât de s'y soumettre ». Tout le monde sans exception l'avait aimée et respectée, mais personne n'imaginait qu'il pût y avoir une autre vie que celle-ci. Elle était morte trop tôt car tout avait été tellement vite pour les femmes de sa condition après les années quarante ! Lalti Taja m'assurait que si elle était restée en vie elle aurait, sans aucun doute, participé activement à la résistance contre les colons. « Elle avait un sens trop aigu de la liberté, me disait-elle, pour ne pas se sentir interpellée par tous ces événements. »

Hammad était parti pour accomplir le pèlerinage à La Mecque et devait s'absenter pendant plus d'un mois à cause d'un séjour en Syrie et en Égypte à son retour. Certes il avait proposé à Bradia de l'accompagner mais sans trop insister. Cela l'avait plutôt amusée et elle avait dit en riant : « Pour demander à Dieu de me pardonner n'est-ce pas ? Mais je ne serais pas mal avec le voile blanc, tu ne penses pas ? Non ! Sache que je ne me sens fautive de rien. Peut-être que quand j'aurai découvert le monde je n'aurai plus de raison de pécher. En attendant, je ne fais que t'aimer, toi mon mari. Quant à l'alcool, tu le sais, c'est pour donner un sens à une vie qui n'en a pas. Je n'ai que vingt ans et mon espace est déjà si réduit quand la vie est si vaste ! J'ignore au juste ce dont j'ai besoin mais un vide incommensurable me ronge. Alors boire ou ne pas boire où est la différence ? »

Hammad aimait Bradia d'un immense amour mais il était partagé entre les pratiques d'un Islam conventionnel et bourgeois dans lequel il avait vécu et celui plus souple et plus intelligent que Bradia palpait par pure intuition, bien qu'elle le rendît caduc à cause de son obstination à croire qu'il n'y a aucun mal à boire et à fumer. Mais très vite elle regretta de ne pas être partie. Les journées étaient longues à n'attendre rien ni personne. Il lui sembla, pour la première fois depuis son mariage, être non pas triste dans sa nouvelle maison mais étrangère. Étrangère à elle-même. Placée au cœur d'un éloignement dont elle ne percevait que très mal les raisons. Comme si cette mosaïque de zelliges qui recouvrait tous les murs de cet immense palais avait pour rôle particulier d'interdire l'accès au rêve. De le quadriller. L'emprisonner. Les terrasses étaient l'unique source de vie et de lumière. Aussi Bradia apprit-elle très vite à en jouir. Elle y fit installer une balançoire et une tonnelle où elle pouvait fumer sans trop empester son appartement personnel. Le ciel et les astres lui appartenaient de nouveau. Elle savait leur parler. Leur raconter ses nuits d'amour avec Hammad. Leur rire au nez lorsqu'elle avait trop bu. Les maudire quand elle languissait de la maison paternelle qui, elle, jouissait d'un vrai jardin andalou. Avec de vrais arbres. De vrais jasmins blancs qui embaumaient sa chambre. De vrais cours d'eau. Elle éprouvait

souvent le besoin de frotter son corps contre la peau cra-
quante des feuilles de néflier qui jonchaient le sol humide du
jardin de son père. Ce qu'elle ignorait en fait c'est que ces
trois années de mariage avaient achevé d'en faire une véritable
femme dont la vie nécessitait autre chose qu'une simple
rêverie sans cible ni but. Les quelques bigaradiers dans le *riad*
de sa nouvelle famille lui paraissaient trop solitaires et trop
tristes pour célébrer, d'une quelconque manière, la nature.
Enfermée dans sa solitude, elle avait le sentiment d'une
étrange relation entre elle et quelque chose qui ne serait plus
elle, où elle cesserait de se penser comme un être dont l'horizon intérieur, toujours rêvant d'un espace sans limites, se
heurtait sans cesse à celui des zelliges et des boiseries fleuries
des plafonds incurvés de sa *qobba* qui lui paraissaient aussi
étouffants qu'une voûte obstruant le ciel. Son existence la
démangeait jusqu'aux confins de sa prime jeunesse. Sa vie lui
apparut soudain comme un immense terrain vague. En friche.
Des bribes de souvenirs joyeux lui parvenaient en vrac et
rendaient sa peau blanche plus fade. L'architecture islamique
ou sans doute tout espace quel qu'il soit n'a de sens et de
réalité que dans celle intérieure de nos émotions. Ainsi ce qui
toujours fut à mes yeux un havre de paix et de magie n'était
qu'une immense prison pour Bradia qui, cela nous paraît
tellement impensable aujourd'hui, n'avait pas accès à la rue.

Et les immenses couloirs qui l'en séparaient et au bout desquels se trouvait toujours Ahmed ou un autre gardien, elle les appelait l'antichambre de la mort. L'architecture majestueuse devenait soudain stricte. Austère et froide. Colonnes de marbre, disait-elle, sol de marbre. Fontaine de marbre. Pierre tombale érigée dans l'exil de toute humanité. Beauté sévère et glaciale tournant le dos au monde avec arrogance. Comme si, pensait-elle, les Arabes, à leur retour d'Andalousie, en cachant leurs femmes, pouvaient d'une quelconque manière, voiler aussi leur défaite. Elle savait par Hammad qu'autrefois, à Séville ou à Grenade, la vie avait été bien plus clémente pour ses ancêtres. Comme si leur arabité nécessitait pour sa sauvegarde que la femme en supportât les blessures, profondes et demeurées indélébiles, d'une chute provoquée, non pas seulement comme beaucoup le pensaient par une luxure dévastatrice mais aussi par un trop grand relâchement de la gestion de l'État et de l'armée. L'Andalousie habitait encore, bien que souvent de manière inconsciente excepté pour les gens de culture, toutes les mémoires. Mais Bradia, au tempérament si libre, supportait mal ce bâtiment au luxe figé qui, déserté par Hammad, devenait tout simplement invivable.

Elle passa d'abord une semaine dans sa famille en compagnie de Dada M'Barka. Mais elle ne pouvait, pour des raisons de convenance, rester plus longtemps. Sa mère, Lalla Bathoul, l'avait obligée à réintégrer son foyer. En réalité sa dépression était due principalement à sa stérilité. Cornette de Saint-Cyr, le chirurgien de la famille, était formel. Dada avait tenté de l'intéresser à la broderie pour l'occuper, mais en vain. La seule chose qu'elle acceptait de faire de temps en temps était de jouer aux cartes ; le *thouti* excitait son intelligence et l'aidait à dilapider un peu de son énergie débordante. Mais elle brûlait d'impatience. Buvait de plus en plus. Les terrasses étaient la rue des femmes. Ouvertes sur le ciel, elles doublaient en fait, de manière générale, les directions urbaines et leur permettaient ainsi, sans que les hommes le sachent jamais, de se rendre d'un quartier à un autre. Ainsi prit-elle l'habitude d'aller rendre visite à la fameuse Latéfa en passant par les terrasses. Dada, folle de rage, la devançait toujours afin de prévenir le moindre problème et préparait prudemment son passage. Elle savait tout de l'homosexualité de Latéfa, remarquée le soir même de ses noces, ainsi que de sa perversité et de sa méchanceté. Elle craignait par-dessus tout qu'elle ne racontât l'affaire à Hammad à son retour. Latéfa s'était réellement éprise de Bradia et multipliait les présents à son attention que Dada, systématiquement, renvoyait afin de lui signifier qu'elle se fourvoyait totalement. Jamais Dada M'Barka n'osa en parler à Ahmed. Il était portier et n'avait pas accès aux terrasses. Aussi savait-elle qu'il n'hésiterait pas à profiter, un jour ou l'autre, de cette faiblesse pour la faire chanter. La seule chose qu'elle obtint de lui fut qu'il réduisît ses provisions de vin et de cigarettes contre une vraie liasse de billets. Quant à moi, je connus très bien ces mêmes terrasses et, lorsque enfant nous jouions à les traverser, j'étais subjuguée parfois par les voix lancinantes qui montaient du patio de la *zaouïa* de Lahbib a-Darqaoui, non loin de là, et qui emplissaient le ciel et l'immense étendue de cet espace, qui de liberté qu'il avait été pour mon arrière-grand-tante était devenu un lieu idéal de jeu pour ma génération.

Tam, la belle-sœur de Bradia, s'était mariée et vivait à Rabat. Quant à Houbaba, son autre belle-sœur, elle était trop pieuse et l'ennuyait profondément. Dada avait multiplié les après-midi musicaux où plusieurs femmes se réunissaient, certaines jouant d'un instrument d'autres chantant, elles improvisaient de véritables orchestres et célébraient ce qu'elles appelaient des *souciatte* qui étaient des chants religieux populaires. Mais Bradia se lassa de tout. Une nuit, tard, elle s'assura, dans l'alcôve de la *qobba*, que Dada, qui couchait toujours là en l'absence de Hammad, dormait bien et se rendit, en tâtonnant dans le noir, au *bit al-qoss*, et là elle ferma la lourde porte de bois, alluma et se rendit, elle n'y était jamais entrée mais elle en connaissait l'existence, au *hri*, une conserverie où étaient stockés des aliments de toutes sortes dont des jarres pleines de vinaigre préparé de manière artisanale avec les raisins de la ferme nouvellement acquise par Hammad et où elle avait pique-niqué pour la distillation des fleurs d'oranger amer au printemps dernier. Elle prit une louche et, malgré l'acidité extrême du vinaigre, privée de vin et furieuse de sa situation, elle en but jusqu'à, réellement, en mourir.

C'est là, affalée au milieu des jarres, que Dada la retrouva le matin très tôt. Hammad, prévenu, rentra très vite mais Bradia était déjà enterrée, près de sa famille à lui, au cimetière de la *zaouïa* de Dar Dmana à Meknès. Jamais il ne s'en remit et, bien qu'il eût fondé une famille, il ne manqua jamais d'aller sur sa tombe tous les vendredis que Dieu fit.

XVII

J'AVAIS ENFIN ACHEVÉ mon cours sur Maldoror. La fin du premier chant exaltait encore ses élans lyriques et emplissait ma tête d'une voix de basse qui s'abattrait sur un opéra préalablement bercé par une voix de haute-contre divinement illusoire. La réalité du jour se fracassait comme un verre de cristal au contact de mon être, encore tout imprégné de la puissante irréalité du comte de Lautréamont. Les dernières phrases tonnaient encore en moi et, tragiquement, empêchaient ma journée d'avancer. J'étais pleine d'une indescriptible angoisse. À croire que ce texte qui me collait encore à la peau s'était appliqué à m'injecter un peu de son poison. J'avais l'habitude de toujours prendre ma voiture pour aller au travail. J'y montais vite et, à voix haute, récitais quelques passages du chant premier afin de l'expulser de mes veines atrophiées :

Ô triste reste d'une intelligence immortelle, que Dieu avait créée avec tant d'amour ! Tu n'as engendré que des malédictions, plus affreuses

que la vue de panthères affamées ! Moi, je préférerais avoir les
paupières collées, mon corps manquant des jambes et des bras, avoir
assassiné un homme, que ne pas être toi ! Parce que je te hais.
Pourquoi avoir ce caractère qui m'étonne ? De quel droit viens-tu sur
cette terre, pour tourner en dérision ceux qui l'habitent, épave pourrie,
ballottée par le scepticisme ?

Criant de plus en plus fort, j'avais, sans même m'en rendre
compte, emprunté la route de Casablanca et allais, aussi sans
m'en rendre compte, au-devant de ma mort. Je roulais à une
vitesse de plus de cent soixante-dix kilomètres à l'heure,
bravant dos d'âne et nids de poule. Je réduisis progressivement la vitesse, freinai lentement et me rangeai tranquillement sur le bas-côté. Mes pneus avaient tenu mais pas moi.
Pensant que la littérature n'est pas faite pour être enseignée
mais lue, en solitaire et loin des regards indiscrets, je décidai
de définitivement quitter l'enseignement. Je démarrai avec la
ferme intention de rédiger ma démission dès le lendemain
mais aussi avec celle, plus douce à mon corps, d'aller au
hammam.

Il était près de 8 heures lorsque je pénétrai dans la première
salle. Le mouvement de mon corps nu s'enfonçant dans la
chaleur épaisse et humide de la vapeur est l'une des sensations

les plus fortes de ma vie. J'aime profondément cette arrivée triomphale dans l'arène obscure où, renonçant momentanément à la civilisation, l'être se réinvente, premier et naturel, et se prosterne devant la fluidité intense de l'eau. Traversant également la deuxième salle, déjà un peu plus chaude, j'achevai le mouvement, humble et heureuse de l'être, je laissai mon corps se répandre sur le marbre brûlant de la salle, dite de la vasque. À l'image de l'asphalte chaud après un doux orage, ma peau fumait, emportant dans ses volutes entortillées les restes de mon être abîmé. Je renaissais enfin, vierge de tout mauvais souvenir.

Aïcha, jeune *tayaba* qui m'avait aidée à me défaire de mes vêtements dans l'antichambre du bain, connaissait parfaitement mes habitudes. Elle tira vers elle mon seau en argent, fidèle compagnon qui me venait d'ailleurs de Dada M'Barka, et qui, loin des agressions tenaces de la modernité, conservait, pour moi et avec moi, quelques-uns des doux secrets de ma tradition. Elle y prit un petit pot qu'elle ouvrit et y puisa la quantité nécessaire et suffisante pour, d'un geste tendre et mesuré, m'enduire le corps d'une crème, onctueuse et flairant bon les moulins d'huile d'olive, de savon noir. Elle en ouvrit un autre et, prenant quelques débris d'argile verte, séchée de manière artisanale au soleil et augmentée de pétales de rose et de clous de girofle, elle les posa dans une coupelle de cuivre, la *tassa*, et les mouilla progressivement d'une eau légèrement tiède afin d'obtenir l'extrême onctuosité qu'offre l'argile au contact de l'eau. Puis, travaillant longuement cette pâte du bout des doigts, elle me l'appliqua sur les cheveux, préalablement démêlés par ses soins. Après m'avoir installée dans la partie supérieure de la chambre chaude afin que je ne souffre point de l'écoulement des eaux sales, elle se retira et m'abandonna, pleine d'une heureuse jouissance, au rêve ultime de l'eau et de la chaleur. Je baissai alors mes paupières sur ce geste d'une immense maternité et savourai lentement l'harmonie parfaite entre ma sensation et celle décrite par Éluard : « Comme aux temps anciens, tu pourrais dormir dans la mer. » Je descendis très profondément en moi, enfin réconciliée avec la vie. Ma pensée elle-même me parut fluide et apaisée. Des gouttelettes d'eau, très fraîches à cause du phénomène de la condensation, tombaient du toit voûté et, comme dans une forêt dense une clairière inondée de soleil, elles apportaient à mon âme une joie enfantine, pleine d'innocence, de fraîcheur et de lumière. Cela faisait plus d'une demi-heure que j'étais là. Les seaux du hammam, hélas, n'étaient plus en bois comme autrefois, élégamment bagués avec des lanières de cuivre, au nom qui forçait cette part si étrangement et si merveilleusement motivée de la langue, unissant l'eau et le bois en un seul et unique vocable, *qbab*. Ils avaient franchi le pas extrême de la modernité et semblaient tout droit sortis de l'exposition *Objets désorientés* qui sacralisait le plastique dans son usage le plus quotidien. Les *qbab* qui emplissaient si bien la bouche s'étaient métamorphosés en seaux en plastique rouge, vert ou bleu, vulgaires et si légers, que j'osais à peine les nommer pour signifier à Aïcha, qui était revenue parfaire ma toilette, que je désirais un seau d'eau fraîche pour me rincer. Ce mot, trop précieusement ancien pour être jamais seul, avait également entraîné avec lui, toujours sous le joug de la modernité, ses sœurs jumelles, les *qraqab*, sorte de sabots en bois à lanière de cuir unique et qui, portés très avant sur le pied, provoquaient un tel déséquilibre, à cause de la semelle de bois beaucoup trop lourde, qu'ils justifiaient amplement le *qrab qrab qrab* d'une démarche suffisamment précaire pour être poétique, d'autant qu'elle était amplifiée par le silence humide du hammam. Les *qraqab* aussi avaient tourné le dos aux innombrables claquettes en plastique. Mais tous ces bruits, si doux à ma culture, agissaient sur ma mémoire comme des vaguelettes qui, épuisées par le flux violent de la marée montante, se blottissaient dans les grottes de la falaise pour la titiller et la caresser doucement à marée basse. Tous ces bruits avaient aujourd'hui disparu et ne demeuraient plus, pour rythmer le silence solennel de ces salles, pour une fois si justement dites d'eau, que des voix

monocordes de femmes épuisées venues pour se laver seulement et non pour jouir également des mystères divins du
hammam. Ces voix nasillardes s'articulaient toutes pour grin-
cer des noms d'objets essentiellement en plastique. Le seau
mais aussi les pots, les récipients, les coupelles. Tout, même le
sac laissé dans le vestiaire commun. Ces voix, aussi peu
sensuelles que les objets qu'elles désignaient, trahissaient à
mes yeux la paresse et la médiocrité qu'entraîne une interprétation si erronée du confort de la modernité. Aïcha était là.
Elle me sourit et je lui souris ce qui signifiait en langage
nécessairement restreint dans ce lieu de repos que j'étais prête
pour le gommage. Elle me rinça puis doucement mais avec
beaucoup de fermeté disposa de mon corps qu'elle frotta,
tourna et retourna à sa guise. J'observais pour ma part une
attitude de mannequin, depuis le début. Enfin purifiée de moi-
même, de la poussière, de l'angoisse envahissante de Maldoror
et de Zahia, je me rinçai à l'eau froide que Lalla Aïcha avait
parfumée à l'essence d'ambre et de musc et quittai la chambre
chaude.

Dans la salle du milieu, je lâchai, comme on dit si joliment
en arabe, mes yeux. Ces corps, libérés de toute préoccupation
superficielle d'esthétique étaient, dans leur acception naturelle, beaux. Des corps maigres, flétris, osseux, flanqués de
seins allongés qui pendaient comme de vieilles outres vides

sous le poids d'années d'allaitement, voisinaient avec grâce et pudeur avec ceux plantureux et lisses des jeunes femmes, les *chabbate*, désirables et tout en chair. J'aimais l'odeur particulière de l'eau chaude mêlée à celle de l'orange du *rassoul* et du henné. Je ne me hasarderai pas à la décrire, certes, mais elle a ceci d'extraordinaire que, étant une odeur profondément liée à ma culture, j'éprouve à la reconnaître un vaste sentiment de fusion avec le peuple. Toutes les femmes qui fréquentent ce lieu divin l'ont en mémoire. Elle n'a rien de particulier en termes de nez, elle est même probablement assez désagréable, mais elle agit sur moi comme certains mots détestables de la langue qui, utilisés avec justesse et précision, acquièrent soudain un sens nouveau, capable d'honorer tous les autres mots de cette même langue. L'un des moments les plus agréables, et qui me rendait plus indulgente à l'égard de cette fameuse *révolution du plastique*, était celui que je passais, assise dos au mur, à deviner non seulement les origines sociales de ces femmes nues, ce qui, ne présentant aucune difficulté, était tout de même très passionnant, mais surtout leurs métiers, leurs occupations au quotidien et leurs caractères. J'excellais à détecter les institutrices, les professeurs de lycée et quelquefois, mais cela était plus rare, les professeurs universitaires. Celles-ci, contrairement aux autres, avaient déserté ces lieux, devenus trop populaires pour être conformes à leur standing social. Je décelais également les vendeuses, selon qu'elles proposaient des articles traditionnels ou plutôt modernes. Mais aussi les couturières et les femmes au foyer, souvent plus pimbêches, j'ignore pourquoi, que les autres. Les jeunes adolescentes aux seins plutôt fermes aimaient à se dandiner et à offrir à leur corps, tout juste sorti de la puberté et parfois aussi de l'adolescence, une liberté qu'il commençait à perdre en société et qu'il regrettait déjà. Elles l'exhibaient tout de même quoique timidement, et leur côté Lolita les rendait plus attachantes.

Lalla Aïcha m'aida enfin à me rincer les cheveux et m'enduisit le corps d'une crème à l'argile additionnée de henné, de poudre de rose et de garance. J'éprouvai un plaisir particulier à enfoncer mes doigts dans cette crème onctueuse aux parfums profondément ancrés dans mon inconscient au point qu'il me semblait que le temps de mon enfance et celui de ma vie de femme fusionnaient et avaient aboli les frontières de la durée. Cette crème chaque fois caressait ma mémoire, et mon être, en parfaite fusion avec l'atmosphère régnante, jouissait d'une puissante sensation de liquéfaction. Les femmes ne se regardaient pas vraiment mais leur regard lui aussi circulait librement. Malheureusement, outre le plastique, un autre fléau avait envahi cet espace de liberté naturelle. Le fondamentalisme religieux avait généré des comportements de fausse pudeur. Les femmes naturellement nues autrefois, commençaient, pour certaines d'entre elles mais elles étaient de plus en plus nombreuses, à se voiler le sexe comme s'il était supposé intéresser qui que ce soit dans ce lieu, inventé certes pour répondre à des soucis d'hygiène, mais aussi pour célébrer, dans la pensée arabe et musulmane, la fusion innée entre l'âme et le corps. La nudité soudain frelatée par des idées contre nature s'élevait, comme dans les camps de nudisme, au rang d'un militantisme pervers. La pudeur, autrefois intériorisée et générale, n'avait pas besoin d'être soulignée pour être déchiffrée. Encore une fois, elle répandait naturellement son éclat. Cela met tristement certaines femmes dans la gêne et contribue peu à peu à effacer les traces d'un Islam d'amour, de respect, de générosité qui puisait ses racines dans la tradition intelligente.

XVIII

CELA FAISAIT PLUS DE DEUX MOIS que Zahia était sortie de l'hôpital. Son état physique s'était considérablement amélioré mais elle n'émettait toujours pas le moindre signe de vie. Elle pouvait passer des heures dans une parfaite immobilité sans jamais penser d'elle-même à adopter une autre position, fût-elle tout aussi immobile. Il n'est rien de plus terrible, de plus déroutant qu'une telle incommunicabilité. L'être humain a besoin d'inscrire le moindre de ses gestes dans un devenir afin de ne pas sombrer dans le désespoir.

Pourtant sur le chemin de Bouya Omar, le saint réputé pour soulager les gens de la folie, nous étions, Lalla Tata, Bahia et moi-même animées d'une sorte de joie enfantine, malgré la présence toujours inerte de Zahia. Nous riions, comme si ce sanctuaire représentait de manière évidente la fin du supplice. À moins d'une centaine de kilomètres au nord-est de Marrakech, c'est un village plutôt quelconque. On croit arriver dans un village normal, comme il en existe des centaines dans les campagnes marocaines. Le dôme d'une blancheur éclatante que l'on aperçoit déjà de la route n'est pas non plus une chose exceptionnelle au Maroc. Lorsque je ralentis pour que l'on m'indique le sanctuaire, un monsieur, particulièrement ridé bien que son regard ne soit pas celui d'un vieillard, n'attend pas que je formule ma question et, sans même ouvrir la bouche, de sa main il me fait signe d'aller tout droit puis de tourner à droite. Nous y allons et finalement quelqu'un nous indique où stationner : « Vous serez très bien ici, nous précise-t-il gentiment, et vous n'avez rien à craindre, vous verrez », ajoute-t-il.

Puis, solennellement, nous nous orientons, toujours sans rien dire mais tout de même encore heureuses, vers l'entrée du sanctuaire à une cinquantaine de mètres. Des petites échoppes de part et d'autre perlent une allée centrale. Elles se spécialisent au fur et à mesure que l'on s'approche. D'épiceries d'alimentation générale elles deviennent boutiques de dattes et de cierges. Nous achetons des bougies et faisons de la monnaie en prévision des nombreux mendiants, comme toujours aux abords des lieux saints. Je suggère que l'on ne donne l'aumône qu'à la fin de la visite afin de ne pas être submergées par les mains tendues « au nom de Dieu ».

Nous entrons enfin dans l'enceinte du *darih*. Appuyées sur le tombeau, nous faisons quelques prières au saint. Bahia et moi tenons tranquillement Zahia par la main. Lalla Tata lui prend doucement la tête et lui explique qu'elle doit embrasser le tombeau. Ce qu'elle fait. Ayant accompli le rituel de base, je les laisse s'installer sur le seul petit tapis que Lalla Tata avait pensé à prendre et leur fais part de ma volonté de m'asseoir seule et loin d'elles. Ceci pour observer tant Zahia, sans être vue d'elle, que toutes les autres personnes présentes. Je les laisse à droite de l'entrée et m'installe dans le fond de la salle mais toujours à droite afin de bien les voir. N'ayant pas de tapis, je m'assois à même le sol. Tout ceci après avoir traversé un immense patio, plus long que large, avec devant la *qobba* du tombeau, des matelas et des gens des deux sexes, assis convivialement. Un groupe de musiciens, je comprendrai plus tard qu'il s'agit des descendants de Bouya Omar, jouait une musique de transe. Une femme, en effet, est en transe. Désireuse de ne souligner ni ma différence ni mon douloureux étonnement, j'avais marché droit devant moi et pénétré dans le tombeau comme le veut la coutume. D'autant que Lalla Tata, très respectueuse des règles, n'aurait pas admis que l'on fît quoi que ce soit avant de saluer le saint. Assise donc à même le sol sur d'immenses carreaux blancs en céramique, d'une propreté surprenante vu le nombre de personnes, je laisse mon regard, le plus discrètement possible, vaquer alentour. Quatre jeunes femmes, plutôt coquettes, les yeux soulignés de khôl,

portant des chevalières ordinaires, comme on en voit dans
toutes les *kissariyate*, ou galeries marchandes, sont assises à ma
gauche et semblent tranquillement converser. Je pense qu'elles
sont là pour une visite, une *ziyara*, ou, tout au plus, qu'elles
accompagnent, comme moi, quelqu'un. Puis mon regard erre
ailleurs. J'observe les gens qui tournent autour du tombeau de
Bouya Omar, à l'image des circumambulations lors du pèlerinage à La Mecque autour de la Qaaba. Le mouvement gira-
toire est le même pour tous et suit le sens de la montre.
Certains tournent très vite, d'autres traînent, mais tout le
monde trouve sa place et personne, étrangement, ne se heurte
à personne. Ayant tout de suite compris, Lalla Tata prend
Zahia par la main et ensemble elles suivent le mouvement
général. Je continue d'observer discrètement Zahia et ne
déchiffre pas l'ombre d'une expression sur son visage. Quand
soudain, me tournant de nouveau vers le groupe des quatre
jeunes femmes entrevues préalablement, je constate que l'une
d'entre elles commence à trembler de tout son corps. Puis ses
yeux clignent et tremblent à leur tour avant de se révulser
complètement. La jeune femme alors fuse, se jette sur le
tombeau et émet des râles rauques et impressionnants et tape
très fort des mains sur le bois du cercueil recouvert d'un
catafalque vert très modeste, et martèle le sol de ses pieds,
tout en continuant à trembler de haut en bas. Les musiciens

dehors, au rythme du *bendir*, chantent des litanies de Bouya Omar à tue-tête. De véritables hurlements à la mort amplifiés par la voûte de la pièce, grande seulement d'une quarantaine de mètres carrés, emplissent l'espace. De tous les coins du *darih* s'élèvent des sons étranges et dans une extase commune ils s'allient au vacarme généralisé. Certains poussent de profonds soupirs. D'autres psalmodient des sourates du Coran. Un autre, à ma gauche, chantonne d'une voix mélodieuse, probablement issu d'un groupe de chant religieux ou d'une tradition de *dikr* d'une *zaouia* quelconque, la *fatiha*. Je suis littéralement saisie par ces bruits qui, n'ayant rien d'animal, ne ressemblent pas non plus à des cris d'hommes. Pourtant l'humilité qui les définit tous, sans exception, réhabilite leur humanité et accroît mon incompréhension et mon immense souffrance. Ce sont véritablement des hommes et des femmes mais d'un autre univers. Le mental est finalement la vraie maison de l'homme. Certains semblent vidés de tout être. Des coques vides. Des corps désertés. Des corps déshabités comme celui de Zahia ! Une chose puissante explique cependant leur présence : l'espoir de s'en sortir. Profondément soumis à *la volonté de Dieu*, ils semblent tous, ou presque tous, traversés par une immense foi et aspirent, à l'aide du *saint des fous*, Bouya Omar, à la libération. Pourtant, je l'apprends par un de mes voisins immédiats, certains sont là depuis dix ou vingt ans...

Tous ces malades chroniques, certains enchaînés parce qu'ils se sauvent et partent errer sur les routes où on les retrouve écrasés, ne manifestent aucune sorte d'agressivité. Il est impensable, dans quelque centre psychiatrique que ce soit, qu'une telle concentration de grands fous procure un tel sentiment de confiance. Je n'ai à aucun moment eu peur. Certains encore capables de s'exprimer clairement, comme mon voisin, me souhaitent un bon rétablissement. Un autre me dit : « Que Dieu te guérisse, c'est vraiment une maladie très dure la folie. » Je lui souhaite également, à mon tour, un prompt rétablissement, comprenant qu'à leurs yeux seule la maladie justifie la présence en ces lieux.

Après plus de deux heures, je m'apprête à sortir quand, levant ma tête vers Zahia qui continuait ses circonvolutions, je la vois qui rit. Avec rien ni personne mais elle rit. Je regarde machinalement vers Bahia et Lalla Tata et, en larmes, elles me font un signe pour me signifier qu'elles l'avaient déjà remarquée. Je me joins à elles et, en leur tenant affectueusement la main, je continue d'observer l'air enfin heureux et détendu de Zahia, toujours dans un éloignement absolu pourtant. Est-ce une hallucination ? Est-ce un vrai sentiment de bien-être ? Je ne le saurai jamais. Toujours est-il que par rapport au premier jour à l'hôpital, son visage était devenu réellement expressif ! J'essayai de l'accompagner dans son mouvement, mais je m'aperçus qu'il était impossible, dans un état de conscience, de suivre. Il n'était pas pensable de tourner sans systématiquement heurter tout le monde. Alors que les malades, eux, y parvenaient sans la moindre difficulté. Il fallait être absent de soi pour intégrer une sorte d'identité collective qui m'était bien évidemment inaccessible, pour accomplir ce qui, je le compris, était un réel exploit. Il y avait largement plus de cent vingts personnes entre celles assises et celles qui, pour certains, dont Zahia, tournaient depuis des heures. Je sors finalement pour écouter de plus près la musique des descendants de Bouya Omar qui sont les vrais maîtres du lieu. Lalla Tata, Bahia et Zahia me rejoignent et je tends un billet au *moqaddem* qui, en retour, fait une longue prière à notre adresse. Puis après le long rituel du thé, il nous sert des petits verres, pleins d'une délicieuse écume blanchâtre, joliment appelée en arabe le turban du thé, signe d'un grand savoir-faire, essentiellement dans les milieux ruraux. Puis après quelque temps je les laisse là et réintègre le tombeau. Je me rassois à la même place. Mon voisin de tout à l'heure est là et me dit en me proposant de suivre son regard : « C'est un nouveau, ils l'amènent à l'instant. Il est enchaîné sûrement parce qu'il est *difficile*. » J'observe tout le rituel d'accueil. Le malade, d'une trentaine d'années, visiblement éprouvé, est littéralement *sorti de ses gonds*. Le *moqaddem* lui retire les chaînes et commence par lui couper les ongles qu'il a particulièrement longs et cornés. Je suis légèrement inquiète mais me fie à son instinct et à son habitude des malades. Ses parents, âgés, semblent totalement abattus, épuisés et désemparés. Ils murmurent des choses inaudibles, probablement pour présenter leur fils, peut-être expliquer comment il en est arrivé là. Mais ferme et pourtant chaleureux, et presque touchant, et en tout cas très courtois, le *moqaddem* répond plus à des obligations rituelles et ne prête visiblement aucune attention ni aux origines de la maladie ni au jugement des parents. Tout dans son attitude blasée semble dire : « S'il est là c'est que tous les espoirs psychiatriques sont anéantis. Bouya Omar est l'ultime recours des fous. » Pour certains, bien souvent, la dernière étape de leur vie. Un homme finalement arrive assez brusquement avec un chevreau à la main et le pose aux pieds du *moqaddem*. Celui-ci le prend et, avec une grande dextérité, sûrement due à une longue habitude, l'installe sur les épaules du jeune homme et lui intime l'ordre, avec une immense fermeté, presque violente, de tourner. Ce qu'il fait sans rechigner mais sans interrompre une tirade très animée, résultat probablement d'une hallucination. Au bout du troisième tour autour du tombeau, il le rappelle et le libère de la bête. Il la saigne à l'oreille, recueille quelques gouttes de sang et trace un signe sur le front du malade. Après quoi il l'enchaîne par les chevilles et lui dit : « Et maintenant accomplis tes circumambulations, tu es là pour ça. Ensuite assieds-toi au milieu des gens pour apprendre à les connaître. C'est avec eux que tu vas vivre dorénavant. Tu ne seras plus jamais seul. » Il ne se soucie pas de savoir si la communication franchit les obstacles de l'hallucination. Il est persuadé que c'est le cas, et le malade, poursuivant un discours très agité avec des personnages imaginaires, s'exécute presque avec bonhomie. Le *moqaddem*, se tournant enfin vers les parents, demeurés prostrés depuis le début, leur recommande d'aller louer une chambre au village.

« J'aimerais louer une chambre au mois. On m'a dit que c'était moins cher, dit enfin le père.

– Il y a toutes sortes de formules. Mais vous faites bien. En effet c'est moins cher et, désignant par là le fils, il aura besoin d'un long séjour. »

Puis avant de recevoir une liasse de billets que je ne pus évaluer, il lui reprocha à lui mais aussi à sa femme de ne même pas s'être donné la peine de lui couper les ongles. Puis il ajouta :

« Regardez dans quel état il est. Ils ont droit à l'hygiène autant que nous. Partez maintenant, que Dieu vous aide. »

Je sors. Je quitte le *darih* et là je comprends que tout le village est habité par des fous, accompagnés ou non par des membres de leur famille. Seuls des gens en rapport avec la

folie sont là. J'apprends que même les épiciers sont générale-
ment d'anciens malades mentaux qui ont choisi de rester là ou
des parents qui, ayant perdu un enfant, décident de rester
parmi les leurs. J'erre et entre dans un jardin intérieur, beaucoup plus long que large, avec de part et d'autre de quelques
arbres des enfilades de chambres. Des têtes hirsutes, sentant
une présence étrangère – la mienne –, regardent et disparais-
sent de nouveau derrière des vieux rideaux souvent plusieurs
fois raccommodés. D'autres s'arrêtent et me scrutent. L'occasion de poursuivre ma visite, certes indiscrète, mais indispensable pour moi quant à la décision de laisser là Zahia, m'est
offerte par une femme d'une quarantaine d'années que j'avais
longuement observée durant sa tournée du tombeau. Je me
dirige vers elle armée d'un but et lui tends quelques pièces
de monnaie. Elle les prend et, là, soudain j'entends : « Merci
de votre gentillesse mais elle ne comprend rien à l'argent. »
Je me retourne et vois une dame d'une soixantaine d'années.
Elle est belle, soignée et pleine d'une lumineuse énergie. Elle
m'aborde et me dit : « Je suis sa mère. » Nous entamons une
longue discussion et j'apprends que quatre de ses filles sont
totalement demeurées. Elle soulève un petit rideau de voile
synthétique et, découvrant une minuscule pièce de quelques
mètres carrés, je vois en effet trois autres têtes ébouriffées et
totalement prostrées. L'effroi rend définitivement concrète

dans ma tête la description que Georges Bataille fait de son père rongé par la syphilis à la fin de sa vie, à Reims, au moment des bombardements allemands. Je lui tends cette fois-ci, que pourrais-je faire d'autre, un vrai billet et lui souhaite du courage, dont elle n'est visiblement pas démunie, et qu'elle ne peut, j'en suis certaine, puiser que dans une incommensurable foi en Dieu. Rien, véritablement rien, de seulement humain ne peut résister à un tel effroi. Elles sont de Goulmime et ont toutes les quatre connu l'école.

« Ça a commencé il y a plus de vingt ans et voilà seize années que je vis là, car c'est le seul endroit où elles ne manifestent aucune violence. Elles se sentent bien ici. Alors, que puis-je faire d'autre ? C'est sûrement les bienfaits de Bouya Omar qui les apaise afin que je puisse continuer de m'en occuper. Je vis donc là pour elles. Leur père m'a souvent recommandé de les abandonner à l'hôpital psychiatrique mais je ne peux pas. Ce sont mes filles. Folles ou pas c'est moi qui les ai faites. D'ailleurs nous avons tout essayé : le psychiatre privé avec traitements chimiques, le psychiatre qui ne fait que parler – désignant par là le psychanalyste. Elles passaient leur temps à dormir mais sans aucune amélioration. J'ai dilapidé toute ma fortune et finalement, *il y a Dieu et ne demeure que Dieu. J'admets le jugement de Dieu.* J'ignore ce qu'il adviendra d'elles à ma mort mais je continuerai jusqu'au bout. »

Je l'embrasse, ce qui la surprend quelque peu, et de la main fais un signe aux quatre jeunes démentes et comprends que je viens de recevoir la plus grande leçon d'humilité de ma vie. Les grands malades mentaux sont morts à la vie et à eux-mêmes mais sans trêve aucune. Elle continua de me suivre du regard et ajouta :

« Si vous pouviez m'aider de temps en temps avec un peu d'argent, faites-le. Leur père ne m'en envoie que très peu. »

Je pensai un instant qu'il était peut-être plus facile d'affronter une souffrance physique même exacerbée plutôt qu'un néant étale et stationnaire, capable véritablement de rendre fou. Lalla Tata et moi étions déjà éreintées après moins de deux mois à attendre un signe d'amélioration chez Zahia. Bahia qui avait, je le comprenais maintenant, abandonné tout espoir depuis longtemps, avait intériorisé cette souffrance et appris à vivre avec l'état de sa fille, flottant dans une pseudo-existence. Quant à Lalla Tata et moi-même, décidées à continuer, nous commencions cependant à réaliser que le pari de la sortir de sa léthargie était encore loin d'être gagné.

Sur le chemin du retour, nous étions toutes saisies par ce silence de Zahia qui avait réinvesti son premier visage, sans expression. J'avais pour ma part le sentiment d'avoir accompli une expérience possible de la mort. La folie, c'est aussi la mort. L'étrangeté que j'avais ressentie au contact de cette

mère avait figé en moi tout espoir. Ses filles étaient exactement dans le même état de prostration que Zahia. Et n'ayant
aucun rapport affectif à leur égard susceptible de transformer
mon évaluation de l'état d'avancement de la maladie, comme
cela était le cas pour Zahia, je compris que j'enfonçais des
portes ouvertes.

Seule la volonté de vie qui animait mes actes depuis le
début me dicta de continuer à l'accompagner régulièrement
ici, tous les quinze jours. Je pouvais tout lui offrir, tout lui
donner sauf cette part inaccessible de mon existence et qui
fait que moi je peux dire « je » et qu'elle ne peut pas dire « je ».

ÉPILOGUE

Je compris enfin que le passé préférait quelquefois qu'on ne le dérangeât pas. J'étais malgré tout très heureuse de constater que tout finit par s'apaiser. Le passé puisait sa force de repos dans mon épuisement et mes orages intérieurs s'étaient tus. La réalité m'avait définitivement marquée de son sceau, et seule l'écoute de certains conteurs me réconciliait avec le rêve. Si le souvenir de Bradia et de Zahia hier encore brûlait en moi comme des braises vives, aujourd'hui je sais que la vérité ajuste les événements et le cours des choses conformément à des règles souvent indéchiffrables. Je décidai donc d'aller sur la place Jemaa-el-Fna. Mosquée de l'anéantissement. Mosquée du Néant. Jamais lieu ne me parut aussi harmonieusement conforme à mon état.

La place Jemaa-el-Fna à 8 heures du matin ressemble à une mer brumeuse où frétillent çà et là quelques restes de lumière blanche. Mohammad Barîz, mon conteur préféré, ne s'adresse aux gens qu'à ces heures-ci du jour. « Loin des ricanements des ignorants », se plaît-il à dire. À 8 heures précises, il commence son conte. Tous ses fidèles sont là et attendent, avant de rejoindre leur travail, cette part de rêve qui leur vient d'un héritage lointain et vivant. Vrillant le centre du cercle des auditeurs, il se tient aussi droit et surprenant qu'un point d'exclamation. Je l'observe un moment. Il est sec et je suis émue de voir combien la parole le métamorphose. Son visage, plutôt rébarbatif, devient envoûtant. Il clarifie sa voix et entame l'incontournable rituel :

« *Bis millah, er-rahman, er-rahim...* Au nom de Dieu, clément et miséricordieux. C'est à lui que nous demandons secours, il n'est d'hostilité qu'envers les injustes et de force qu'en Dieu le Très-Haut, le Très-Grand ! Louanges à Celui qui fit descendre le Livre clair sur notre seigneur Mohammed, le guide des envoyés, le maître des Prophètes ! Que le salut et la bénédiction de Dieu soient sur sa famille, ses compagnons et tous les prophètes ! Gloire à celui qui a fait de l'histoire des anciens un exemple pour les contemporains ! »

Puis il prononça enfin la formule magique, *kan ya makan*, il était une fois... Les mots très vite se saisirent de l'assemblée. Se chevauchèrent, à l'image même des étalons des Qaysites dans la légende de Zîr Salîm, la guerre de Basûs ou de la chamelle. Ruèrent. Hennirent. Aussi déterminés que Kulayb décapitant le roi Tubba', ils emplirent l'espace de leur signification comme

des chevaux un champ de bataille. Bientôt ils s'entrechoquè-
rent et de la stridence des sabres acérés gicla le sang. Du sang
qui fascinait le cercle de plus en plus resserré de la *halqa*.
Perdue dans l'avalanche incontrôlable des mots, la bouche du
conteur me parut soudain anormalement étroite. J'eus du mal
à croire qu'elle était la source d'un tel débit. Il est étrange de voir
combien ce corps quasi inhabité, quasi désincarné, animait la
parole qui à elle seule devenait le monde. Le monde avec son
temps, ses événements, ses malheurs et ses joies, ses stratagè-
mes, ses hommes et ses femmes. Je ne parvenais pas à imaginer
le trajet que parcourait la parole de sa mémoire infaillible jusqu'à
l'énonciation articulée et vivante d'une légende qui nous venait
de l'Arabie pré-islamique et ne laissait jamais de nous surprendre, là, au pied de la Koutoubia.

Lorsqu'enfin je réalisai que nous étions vendredi, je décidai
de me rendre au mausolée de Sidi Abu L-Abbas al-Sabti. Zîr
Salîm, «le maître des héros, le lion du désert», avait déjà
entamé son inépuisable vengeance. J'assistai au premier mas-
sacre de Jassâs et de sa tribu et me dirigeai vers Bab Ftouh où
je suis toujours happée par les effluves enivrants des menthes
diverses. J'en achetai un bouquet dont j'écrasai une à une les
feuilles entre les doigts afin d'en exacerber le parfum. Cette
fragrance, entraînant avec elle la fraîcheur de mes balades
d'enfant le long des rivières de la plaine du Saïss, effaçait en

moi tout souvenir amer. Je gagnai rapidement le quartier des
Mouassines, traversai le sanctuaire de Sidi Abd al-Aziz Tebba'
puis enfilai enfin l'allée des Mjadlia, les tresseurs de soie. Prise
dans la trame des nombreuses échoppes et des ombres de la
toiture ajourée, je longeai l'allée, avant de déboucher sur des
murs de terre doublés de mendiants. J'étais arrivée chez le
saint patron de Marrakech, Sidi Abu L-Abbas al-Sabti. Je
débouchai sur l'immense cour. Elle me fit l'effet d'un bloc
de lumière tombé du ciel. Les rayons se réfractant puissamment sur le sol lisse et blanc cinglent le regard des visiteurs et
les obligent à baisser la tête et à plisser fortement les yeux.
Lorsque j'enlevai mes chaussures pour pénétrer dans l'enceinte
du *darih*, il n'était pas loin de 11 heures et les voix lancinantes des
mendiants de l'ordre des aveugles me parvinrent du vestibule,
à droite en entrant, scandant des litanies. Presque tous vêtus
de blanc, leurs corps semblaient adhérer à la natte de jonc,
tant il se dégageait de leur posture une longue habitude de
l'humilité. Je les observai un court instant. Leur ressemblance
me troubla. J'eus vraiment la sensation d'assister à l'une des
manifestations de la multiplicité dans l'un.

Au milieu du patio, déjà plein de femmes assises en tailleur,
je vis l'hadj abd al-Latef Tebbaa, le maître des lieux. Léger
et nécessaire comme un souffle, il est là et veille au bon
déroulement des cérémonies. Jamais homme n'a incarné aussi

fidèlement à mes yeux l'origine de toutes les lettres, l'aleph dans la science des lettres en islam et sa mystérieuse rectitude.

Il vint à ma rencontre et d'un geste convivial et discret m'invita à intégrer la *qobba* où se trouve le tombeau, réservée en principe aux seuls hommes. Cette invitation, d'une grande audace, n'avait pourtant rien d'une innovation. Elle célébrait avec sagesse et discernement l'égalité des hommes et des femmes devant la spiritualité.

Un préposé au bon accueil asperge les nouveaux arrivés d'eau de fleur d'oranger avant de leur offrir un verre de lait ou de thé et des dattes. Versets coraniques brodés d'or. Calligraphie fixée pour l'éternité sur le catafalque vert, généreusement tendu sur le tombeau. Pendules. Candélabres et d'autres offrandes de valeur le surplombent et veillent à la célébration de la sainteté. Embrassant du regard cette pieuse harmonie de l'architecture, je constate combien cette surcharge esthétique – zelliges de Fès, stuc vert et bleu, coupole de bois peinte de motifs floraux – est euphorisante. Je m'abstrais peu à peu de mon corps et, entendant enfin les voix de l'Abbassiyya, j'ouvre mon âme et me fais à mon tour réceptacle. Je ferme les yeux et chemine à la rencontre de moi-même. Les voix fusent, d'abord douces et harmonieuses, et remplissent l'espace. Elles se répandent et dans une alchimie collective transmuent les mœurs, les objets et les hommes en un son pur. Les mystères de la *Burda* et de la *Hamzia*, célèbres poèmes de l'imam al-Busaïri, soufi marocain et maître d'Alexandrie, œuvrent sur les cœurs comme un sentier de lumière. Les voix continuent de monter, percent le plafond et, entraînant avec elles les cataractes du jour que je perçois au loin dans la ville, se désincarnent complètement et trouent le ciel.

De Ta lumière procède toute lumière
Du monde du mystère Te viennent les sciences
Quand échoit à Adam le
Seul savoir des noms.

Je continue à fermer les yeux, ne percevant plus du monde extérieur que sa force épiphanique. Toute frontière entre moi et les éléments étant totalement abolie, les prémisses de l'état d'extase me débordent. Toutes les voix du monde, celles de Bradia, de Zahia, de Lalla Tata, de la foule de la place Jemaa-el-Fna, de l'Orient et de l'Occident, devenues une seule et unique voix, je discerne au loin la célébration ultime de l'amour et du vin mystiques selon Chuchturî :

C'est une flamme vive que n'eût été le mélange
Les mages n'eussent jamais adorée
Sa pureté est d'un temps
D'avant le cep et le cépage
Elle n'a pas de moitié, pourtant aux communions
Elle se révèle, comme se dévoile la mariée.

J'avais pour habitude de quitter la salle avant la fin du concert, pour éviter de subir le mouvement de foule des hommes qui se lèvent en même temps afin de rejoindre la mosquée pour la prière du vendredi. Ainsi, je prolongeais dans la solitude cette sensation de lumière qui m'inondait. Profondément apaisée, j'eus le sentiment que toute chose dans l'univers avait enfin trouvé sa place. Sur le chemin du retour, je fredonnai la suite du poème de Chuchturî :

À elle je fus uni dans la prime heure du temps
Avant que se noircisse le feuillet.
On l'a nommée nectar mais elle est aussi souffle
Vivifiant les âmes de ses expirs
Et si ses échansons dans les us sont debout
Ses amants ne sauraient rester assis.

CATALOGUE

ACHEVÉ D'IMPRIMER
EN DÉCEMBRE 2002
SUR LES PRESSES
DE
L'IMPRIMERIE F. PAILLART
À ABBEVILLE
POUR LE COMPTE
DE SABINE WESPIESER ÉDITEUR

NUMÉRO D'ÉDITEUR : 7
ISBN : 2-84805-006-3
DÉPÔT LÉGAL : JANVIER 2003